Beck'sc
Bsl

Das Zusammenspiel von Demokratie, Marktwirtschaft und Kunst ist Thema dieses Buches. Es geht Fragen nach, die sich durch den Verzicht der Demokratie auf eine Dienstverpflichtung der Kunst ergeben: Ist die Kunst auf dem Markt freigesetzt oder preisgegeben? Wie sieht ihr Markt überhaupt aus? Was verrät der Kriminalroman über den Kunstbetrieb? Sind die Museen mit der Aufgabe überfordert, zwischen Markt und Depot eine verbindliche Synthese der Kunstgeschichte darzustellen? Welche Rolle kommt der öffentlichen Hand, welche Bedeutung der Initiative von Sammlern und Stiftern zu? Ist die Privatisierung des Geschmacks, das eigentliche Credo demokratischer Kulturpolitik, tatsächlich eine Privatangelegenheit? Kann die vermarktete Kunst noch das Bild ihrer Gesellschaft entwerfen? Die Debatte um die Nachkriegsmalerei sowie der Streit über die DDR-Kunst lassen in der politischen Auseinandersetzung um ästhetische Fragen ein weiteres Mal die Konturen der Marktgesellschaft erkennen.

Dr. Walter Grasskamp, Jahrgang 1950, ist Kunstkritiker und Professor für Kunstwissenschaft an der FH Aachen. 1986 erschien seine Sammlung von Künstlerportraits „Der vergeßliche Engel“, 1989 gab er das Buch „Unerwünschte Monumente. Moderne Kunst im Stadtraum“ heraus und veröffentlichte „Die unbewältigte Moderne. Kunst und Öffentlichkeit“ (BsR 386).

WALTER GRASSKAMP

Die unästhetische Demokratie

Kunst in der Marktgesellschaft

VERLAG C.H.BECK MÜNCHEN

Die Deutsche Bibliothek – CIP-Einheitsaufnahme

Grasskamp, Walter:
Die unästhetische Demokratie : Kunst in der Markt-
gesellschaft / Walter Grasskamp. – Orig.-Ausg. –
München : Beck, 1992
(Beck'sche Reihe ; 475)
ISBN 3 406 34067 9
NE: GT

Originalausgabe
ISBN 3 406 34067 9

Umschlagentwurf: Uwe Göbel, München

Gesamtherstellung: Appl, Wemding
Printed in Germany

Inhalt

Einleitung

Die unästhetische Demokratie – ein solcher Buchtitel muß sich gerade in Deutschland heikel ausnehmen. Man fühlt sich an die Attacken erinnert, die hierzulande gegen den Parlamentarismus geritten worden sind, von Monarchisten wie von Nationalsozialisten, von Kommunisten wie von Militäreliten – mit verheerenden Folgen. Als späte Lehre muß die Demokratie in einem Land mit schwachen republikanischen Traditionen auch heute noch so wertvoll erscheinen, daß sich jede snobistische Polemik verbietet. Der Triumph über die kommunistischen Tyranneien hat der Demokratie zudem, genau zweihundert Jahre nach der Französischen Revolution, einen neuen Glanz verliehen, den sie im Westen bereits in der Normalität einzubüßen begann. Der Jubel der Freigelassenen steckte auch diejenigen noch einmal an, die sich ihrer eigenen Freiheiten erinnert fühlten wie eines aus Gewohnheit lange nicht mehr bewußt genossenen Privilegs.

Trotzdem ist die Diagnose nicht haltlos: Das politische Geschäft gilt auch und gerade in der Demokratie als unästhetisch. Und die westliche Demokratiemüdigkeit, die Claus Koch in einem bestechenden Vergleich mit den östlichen Freiheitsperspektiven konstatiert hat, bezieht sich auf inzwischen gemachte Erfahrungen, nicht auf die Hetzparolen der einstigen Anti-Republikaner.[1] Zu diesen Erfahrungen zählen spektakuläre Nachkriegsskandale um einige ihrer höchsten Repräsentanten und tiefe Glaubwürdigkeitskrisen, die dem Ansehen der Republik dauerhaft geschadet haben – von der „Spiegel“-Affäre über die von Flick „gekaufte Republik“ der illegalen Parteienbereicherung oder die „Neue Heimat“ bis hin zu „Waterkantgate“, um nur hiesige Beispiele anzuführen. Es sind aber auch die alltäglichen, kleinen Unstimmigkeiten, mit denen die Demokratie ihre Ideale dementiert, Erfahrungen, die man auf jeder Verwaltungs- oder Regierungsebene machen kann, wenn dort Günstlingswirtschaft,

Machtgier, hochdotierte Inkompetenz oder borniertes Besitzstandsdenken den demokratischen Anspruch unterhöhlen. Sie geben jenen recht, in deren Augen die Demokratie das kleinste Übel unter den Regierungsformen ist, von Vorteil nur, weil sie Entscheidungsprozesse codifiziert, Gruppeninteressen ausbalanciert und, vor allem, als einzige Regierungsform die öffentliche Erörterung ihrer Unzulänglichkeiten nicht unter Strafe stellt.

Die Straffreiheit der Kritik ist in der Tat zum wichtigen Erkennungsmerkmal der Demokratie geworden, nachdem die sogenannten Volksdemokratien des ehemaligen Ostblocks alle anderen Rituale des Parlamentarismus bis hin zur Lächerlichkeit kopiert und eine Meinungsfreiheit offiziell befürwortet hatten, deren Inanspruchnahme jedoch brutal geahndet wurde. Wenn sich Demokratie im Zweifelsfall aber eher negativ bestimmen läßt, nämlich im Ausbleiben von Sanktionen für tatsächlich in Anspruch genommene Meinungsfreiheit, dann ist das auch kein sonderlich ästhetischer Eindruck, so befriedigend er in jeder anderen Hinsicht sein mag.

Doch all das ist nicht gemeint, wenn in diesem Buch von der unästhetischen Demokratie die Rede ist. Die Differenz von Schein und Sein gehört zwar zu den zentralen Themen der Ästhetik, nicht aber die von Politik und Moral. Auch geht es nicht um das persönliche Erscheinungsbild von Berufspolitikern, um die schnöden Rituale des Interessenausgleichs oder die Aushöhlung der demokratischen Souveränität durch Übergriffe und Eigenmächtigkeiten von Industrie oder Bürokratie. Das alles ist unästhetisch allenfalls in einem umgangssprachlichen Sinn des Wortes. Vielmehr bildet ein merkwürdiges Manko der bürgerlichen Demokratie den Hintergrund der folgenden Untersuchungen, nämlich der *Verzicht auf eine bündige ästhetische Repräsentation.* Das unterscheidet sie von allen vorhergehenden Regierungsformen. Denn natürlich ist die „Ästhetisierung der Politik", die Walter Benjamin in einer griffigen Formel am Faschismus diagnostizierte, eine der ältesten Strategien zur Legitimation von Herrschaft überhaupt, eine nämlich, die das Problem der Legitimation überspielen und damit gar nicht erst aufkommen lassen soll.[2] Die *Verknüpfung von Politik und Ästhetik* gehört nur deshalb zu den speziellen Themen des 20. Jahrhunderts, weil die beiden großen Tyranneien, Nationalsozialismus und Kommunismus, den Künsten eine so herausragende Bedeutung bei der Durchsetzung und Festigung ihrer Machtansprüche beigemessen haben, wie sie in den bürgerlichen Demokratien längst aus der Mode gekommen war.[3] Es läßt sich nicht leugnen, daß beim Einsatz der Künste für die Tyrannei Pracht entwickelt wurde, auch solche, die ästhetisch stimmig war, und daß diese Pracht verfing, gerade dann, wenn sie Kitsch war.

Es nimmt sich wie eine peinliche Schwäche der Demokratie aus, daß sie dieser Pracht der Tyrannis so gut wie nichts entgegenzustellen weiß. In diesem Sinne, weil sie eben keine geschlossene ästhetische Repräsentation hervorbringt, wird Demokratie hier als unästhetische behandelt. Es ist ein konstitutionelles Manko, um das es dabei geht, nicht ein historisch zufälliges Versagen, denn bewußt und schlüssig überantwortet die bürgerliche Demokratie die Künste einer Instanz, die sie als Ort eines „freien Spiels der Kräfte" ausgibt, dem Markt. Diese Vermarktung der Kunst läßt sich auch als Antwort der bürgerlichen Demokratie auf die tyrannische Ästhetisierung der Politik verstehen; sie ist eine Entpolitisierung der Kunst, wie auch schon das bürgerliche Museumswesen für eine Entschärfung von Konflikten um politische Symbole gesorgt hatte.[4]

Die Künste den Gesetzen der Marktwirtschaft preisgeben zu wollen, ist in Deutschland aber schon ein Vorwurf gegen die bürgerliche Demokratie gewesen, bevor sie überhaupt verwirklicht war. Dieser ästhetische Sündenfall steht bis heute im Zentrum einer Kulturkritik, die allerdings zunehmend ihre Topoi zu Klischees herunterbetet, statt sich die naheliegende Frage zu stellen, ob nicht gerade der ästhetische Repräsentationsverzicht erst die künstlerische Vielfalt ermöglicht hat, von der auch die Marktkritiker ihren Vorteil haben, ob also demokratische Freiheit in Fragen der Kunst nicht auch und gerade durch den Markt gewährleistet wird.

Doch ist die Klärung des Marktgeschehens in ästhetischer Hinsicht nicht einfach, und auch in seinen politischen Bezügen ist es ein schwierig zu analysierendes Phänomen. Seine Theorie könnte jedoch ein Stück nüchterner demokratischer Wirklichkeit enthüllen, das nicht nur von den Gegnern, sondern auch von den Befürwortern ideologisch überfrachtet zu werden pflegt. Eine Analyse des Marktgeschehens muß sich nämlich nicht nur vor den Klischees der Kritiker der Marktwirtschaft in acht nehmen, sondern auch vor denen ihrer Befürworter, zumal der Zusammenbruch der Planwirtschaft der Marktwirtschaft ein fast unangreifbares Ansehen verschafft hat.

Doch gilt dies nicht für den Kunstmarkt, der zu betrachten wäre, wenn es um die ästhetische Delegierung der Demokratie geht. Selbst von entschiedenen Verfechtern der Marktwirtschaft wird er gerne noch als Soziotop der Bandenbildung und unseriösen Machenschaften beargwöhnt, mit ähnlichen Vorbehalten, wie sie auch unter Linken kursieren. Der Kunstmarkt gilt als das unanständige Segment im anständigen Marktgeschehen. Für eine Theorie des Marktes, die zwangsläufig auch eine des Konsums sein muß, ist er daher ein besonders interessantes Anschauungsfeld. Dabei verbindet sich die Fragestellung, was die Demokratie mit der Kunst überhaupt noch anfangen kann, mit jener nach dem Schicksal der Kunst in der Marktwirtschaft.

Auf den wichtigsten Schnittflächen von Kunstwahrnehmung, Marktgeschehen und demokratischer Kulturpolitik sind daher die Kapitel dieses Buches angesiedelt. Vom Schauplatz des Marktgeschehens ausgehend, geraten Institutionen und Personen ins Blickfeld, die der Beliebigkeit des Marktes die Auswahl einer kulturellen Synthese entgegensetzen wollen, nämlich Museen und Sammler. Doch zeigt es sich, daß die Demokratie große Probleme hat, einen Konsens in ästhetischen Fragen zu erzielen, geschweige denn zu institutionalisieren.

Wie das Museum wird auch die Kunst in ihrer politisch repräsentativen Rolle durch den Markt entthront. Ihre hierzulande einst überragende Bedeutung für die Symbolisierung einer nationalen Identität scheint durch ihre Vermarktung ebenso unterlaufen worden zu sein wie ihre Fähigkeit und Bereitschaft, historische Erfahrungen in plausible Bilder umzusetzen. In den beiden kunsttheoretischen Debatten, die in den achtziger Jahren im Westen Deutschlands geführt worden sind – um die Nachkriegsmalerei wie um den Rang der offiziellen DDR-Kunst –, sind diese Tendenzen anschaulich geworden.

Der Schwierigkeit, repräsentative Synthesen des Marktgeschehens herzustellen, korrespondiert die *Privatisierung des Geschmacks,* die als eigentliche ästhetische Konfession der Demokratie gelten darf. Sie kann durchaus unästhetische Züge annehmen, etwa in den notorischen Auseinandersetzungen um Skulpturen, die im öffentlichen Raum letzte Reste einer repräsentativen Funktion der Kunst verkörpern sollen. In den urbanen Meinungswüsten der Marktgesellschaft setzen sie populäre Rituale der Urteilslust in Gang, die zum Selbstgenuß der Demokratie gehören und ihre ästhetische Kompetenz vollends dementieren.[5]

Paradefeld für die Privatisierung des Geschmacks ist auch der Markt für die angewandte Kunst. Ihre Privatisierung durch den Markt ist mehr als nur das Dementi einst maßgeblicher sozialrevolutionärer Konsum-Utopien, sondern vor allem ein Indiz für den Stilverfall als Ende öffentlicher Repräsentation. Sie ist damit ein weiterer Indikator für den ästhetischen Preis, den es für die Demokratisierung der Lebensverhältnisse im Zeichen des Marktes zu entrichten gilt.

Marktbilder

Der unsichtbare Markt

Eine Séance

Mengenlehre. Immer wieder muß man bei Podiumsdiskussionen, Lehrveranstaltungen und Partygesprächen die nachdenklich vorgetragene Frage gewärtigen, ob der Markt die Kunst nicht *zu sehr* beeinflusse – eine Erwägung, die Kunstferne und Marktferne gleichermaßen verrät. Die Vorstellung, der Markt bedränge die Kunst so, daß seine unsittlichen Übergriffe mit etwas gutem Willen auch abgewehrt werden könnten, ist naiver als die Naive Malerei. Und als sozialromantische Mengenlehre darf der Glaube gelten, zwischen den Gefilden einer autonomen Kunst und dem Sumpf des allgemeinen Marktes gäbe es eine kleine Schnittmenge, den Kunstmarkt, dem man nur feste Grenzen zu ziehen bräuchte, um die unschuldige Kunst vor dem Zugriff gieriger Händlerhände zu bewahren und das Auftrumpfen minderer Talente zu unterbinden.

Der Markt bedrängt die Kunst nicht, er *bewegt* sie, und zwar nicht nur vom Atelier zur Galerie und von dort zum Sammler und schließlich ins Museum, sondern neuerdings hin und her, vor und zurück: Wie die Kugel im Flipper, die bei jedem neuen Kontakt eine Lampe aufleuchten läßt und das Zählwerk in Bewegung hält. Der Markt trägt die Kunst und hat sie in der bürgerlichen Gesellschaft immer schon getragen, nur ist seine Kinetik heute auf der Höhe des allgemeinen Tempos: Das ist es, was den feingeistigen Naturen auffällt, aber sie legen es falsch aus. Man kann schließlich jemanden, der nur das Gaspedal voll durchtritt, nicht für die Erfindung des Autos verantwortlich machen. Schon bevor sich das öffentliche Kunstmuseum etablierte, das auch heute noch vielen als eigentliche Heimat der Kunst gilt, war die bildende Kunst unwiderruflich aus höfischen, kirchlichen und zünftigen Produktionsverhältnissen entlassen worden und auf den Markt übergesiedelt. Die Illusion, im Museum habe sich eine marktfreie Zone des Guten, Wahren und Schönen – sozusagen das stubenreine Gegenstück zum Sperrbezirk des Tauschwerts – bis heute erhalten, ist das letzte Echo einer aufwendigen bürgerlichen Verdrängungsarbeit, die im Museum einst ihr Marktreservat errichtete.

Dabei kann das Kunstmuseum heute kaum noch als moralischer Gegenspieler des Kunstmarkts gelten, es hat sich vielmehr längst als Mitspieler erkenntlich gezeigt. Wie ein Entsorgungspark entlastet es den Markt, der als gewaltiger Teilchenbeschleuniger mehr Partikel in Umlauf bringt, als er abstoßen kann, und daher für End-, ja, schon für Zwischenlager dankbar ist. Es sind die sogenannten *Sammlermuseen,* mit denen die Kulturpolitiker eingestehen, daß die öffentliche Hand im Wettbewerb mit den Privatsammlern inzwischen den Kürzeren gezogen hat: Werke zeitgenössischer Kunst werden bereits lange vor Ende der Frist, die man früher gemächlich bis zur Anerkennung der „Museumsreife“ verstreichen ließ, zu teuer gehandelt, als daß sie aus kommunalen Etats noch anstandslos bezahlt werden könnten. Vor allem aber ist der Umfang dessen, was als zeitgenössische Kunst gilt, so gewaltig gewachsen, daß die Museen sie nicht mehr nach dem Prinzip der Repräsentanz – von jedem wichtigen Künstler ein Werk – vergegenwärtigen können, sondern Schwerpunkte setzen müssen. Es sind nicht selten die Schwerpunkte von Privatsammlungen, die sie als Dauerleihgaben oder, beliebter noch, von vornherein befristet ins Haus holen. Sammler spielen dieses Spiel gerne mit, nicht nur, weil es ihnen Lagerhaltungskosten und Konservierungsmühen spart, sondern auch, weil neben ihrem eigenen Ansehen das der ausgeliehenen Werke steigt, was sich bei späteren Weiterverkäufen segensreich auswirkt. Der Ruf einer marktunabhängigen Objektivität, den die Museen immer noch genießen, wird dabei zum Werbefaktor für die in Zeitlupe durchgeschleuste Ware. Sammler, die es sich leisten können – wie etwa die Saatchis –, betreiben ihre Museen gleich selber und beschäftigen eigene Kustoden; das erspart den Reibungsverlust im Umgang mit begriffsstutzigen Behörden, die, wie in Hessen geschehen, einen Beuys-Block partout nicht haben wollten, als er ihnen Mitte der siebziger

Jahre vom Sammler zum Geschenk gemacht werden sollte, und nicht kaufen wollten, als er von dessen Erben für nur 2,4 Millionen Mark angeboten wurde, sondern warteten, bis er als Leihgabe in ihren eigenen Museen zum Wert von 16,5 Millionen herangereift war, für welche Summe die Kulturstiftung der Länder ihn schließlich, 1989, erwarb. Das Kunstmuseum gehört heute zu der Infrastruktur, in der sich der Marktwert eines Kunstwerks konstituiert. Die Kunst ist Teil dieser Infrastruktur, nicht umgekehrt.

Verstärkeranlage. Nähme jemand eine Schallplatte mit der Behauptung in die Hand, bei der schwarzen Scheibe handele es sich um Musik, wäre selbst dem Kleinkind der Irrtum offenkundig, denn es weiß, daß nur unter Zuhilfenahme verschiedener Apparaturen aus dieser Scheibe Musik entsteht: Es bedarf eines Tonabnehmers, eines Verstärkers und zweier Lautsprecher, die in komplizierter Übersetzung der Ausgangsdaten den Klang herstellen. Ein Künstler, der im Atelier vor einem fertigen Werk steht und es für Kunst hält, gilt dagegen als zurechnungsfähig. Nur wenigen ist geläufig, daß auch hier verschiedene Vor- und Einrichtungen erforderlich sind, um aus diffusen Ausgangsdaten Kunst in einem verkehrstüchtigen Sinn zu generieren: die Abtastnadeln von Kollegen und Galeristen, die Verstärkeranlagen des Marktes und die Lautsprecherboxen der Museen und der immer öffentlicheren Privatsammlungen. Einmal durch diese Kanäle geschleust, sieht das Werk, bis auf ein paar Schrammen, noch genauso aus wie einst im Atelier; das befördert den Irrtum, es stelle noch immer nur sich selbst dar und nichts anderes. Ein solches Denken ist weit unter dem Niveau der elektronischen Musik.

In den sechziger Jahren haben Pioniere der elektronischen Musik die Konsequenzen ausgelotet, welche die mediale Reproduzierbarkeit der Töne mit sich brachte, und eine Musik entwickelt, die ihre Vermittlungskanäle einbezog. Dabei wurde gleichsam die Klaviatur um die bis dahin nur als technische Dienstleistungskanäle verstandenen elektronischen Medien erweitert. Was zuvor nur einem ursprünglich anders, nämlich akustisch produzierten Ton eine größere Reichweite geben sollte, wurde nun als Tonquelle, Modulator und Rückkopplungsfundus einbezogen.

Das bildnerische Äquivalent zu dieser elektronischen Musik ist nicht „ars electronica", sondern jene Kunst, die mit den Vermittlungskanälen des Marktes und der Museen spielt. Von ihr ist bislang nur jene legendenbildend geworden, die das Museum betraf: Von Marcel Duchamp bis Marcel Broodthaers ist die künstlerische Unterwanderung des Musealen bereits Museumsgeschichte. Die komplementäre Legende geriet dagegen allenfalls zur üblen Nachrede: Das Verhalten der Künstler auf dem Markt wurde verschwiegen wie eine unappetitliche Krankheit oder aber in Seuchenberichten schwelgerisch übertrieben. Nicht nur marxistische Ästheten, denen der Tauschwert prinzipiell und hier erst recht als der Sündenfall der Dinge gilt, haben dazu beigetragen, daß sich Darstellungen der Vermarktung moderner Kunst wie Fastenpredigten lesen. In seltener Einmütigkeit stimmen auch bürgerliche Liberale, Konservative und Reaktionäre in ihre Terminologie ein, wenn es um Kunst *als Ware* geht. Sie tun so, als ließe sich zwischen dem Werk und der Ware trennen, als könnte man nach dem Kauf die Spuren der Vermarktung von den Bilderrahmen abwischen wie Fingerabdrücke, um sodann wieder autonome Kunst in Händen zu halten: Sie halten ihr Ohr an Schallplatten.

Phantombild. Wer heute in eine Stadt fährt, die er nicht kennt, kann sich den Weg ins Zentrum einfach und zuverlässig zeigen lassen, indem er nach dem Marktplatz fragt. Die ausschlaggebende Rolle, die der Markt im Mittelalter bei der Entstehung von Städten spielte, ist ihrem heutigen Grundriß noch immer deutlich abzulesen. Auch für die moderne Kunst gilt: Wer in ihr Zentrum will, muß nach dem Markt fragen, nur ist der nicht so leicht lokalisierbar wie der Fisch-, Korn- oder Viktualienmarkt.

Es ist eine der beunruhigendsten Entwicklungen der Neuzeit gewesen, daß das einst anschauliche Marktgeschehen, wie es im Freien, rund um die Baustelle eines Domes stattfand, sich aller

Qualitäten entledigt hat, die es den menschlichen Sinnen empfahlen. Die Flohmärkte und historischen Märkte, die in unseren Metropolen für eine regressive Folklore der Marktwirtschaft sorgen, sind Ausdruck der modernen Sehnsucht nach einem anschaulichen Marktgeschehen, Ausdruck auch der Skepsis vor den segensreichen Auswirkungen jener „unsichtbaren Hand" (Adam Smith) des Marktes, die mancher schon als Würgegriff erlebt hat. Der archaische Vorbehalt gegen die abstrakte Geldwirtschaft und ihre Agenten nährte sich nicht zuletzt aus diesem Verlust der Anschaulichkeit eines gleichwohl fundamentalen Geschehens. Noch mitten im 20. Jahrhundert konnten Kommunismus und Nationalsozialismus gleichermaßen solche Ressentiments politisch organisieren und ausbeuten, ohne das Marktgeschehen, ihren sozialromantischen Verheißungen entsprechend, transparent, nachvollziehbar oder gar gerecht machen zu können.

Es fordert die Dämonisierung geradezu heraus, daß das Marktgeschehen in der Neuzeit fast ausnahmslos unsichtbar und unanschaulich wurde. An den wenigen Orten, an denen es noch sinnlich erfahrbar ist, an der Börse etwa, bietet es sich in so entstellter Form dar, daß der Unbeteiligte große Mühe hat, die typischen Aufgeregtheiten nicht für besorgniserregende Erscheinungsbilder der Geisteskrankheit zu nehmen. Marktwirtschaft mag erlernbar sein, der Markt selber ist aber dem Laien wohl genausowenig darstellbar und vorstellbar wie die Relativitätstheorie. So ist der Argwohn gegenüber dem Markt nicht nur eine Angelegenheit der Ökonomie, sondern auch der Gnosis. Im Ressentiment gegen den Kunstmarkt, so scheint es, wird dieses latente *Unbehagen in der Marktwirtschaft* stellvertretend ausgetragen.

Transzendenz. Oder wie hat man es sonst zu verstehen, daß die Frage nach Rang und Rolle des Kunstmarkts ein kulturkritischer *evergreen* ist? Haben wir es mit einer Diskussion zu tun, die unhistorisch bleibt und immer wieder ein Thema von neuem aufrollt, ohne sich vorheriger Ergebnisse entsinnen zu wollen? Die Kunstdiskussion kennt ja herausragende Beispiele für ihre Abneigung gegen das historische Bewußtsein, etwa die immer wieder aufbrechenden Diskussionen über Kunstwerke im öffentlichen Raum. Ist die Debatte um den Kunstmarkt ein Zwillingsphänomen? Manches spricht dafür, etwa daß über die Geschichte und Theorie der Kunstvermarktung so wenig geforscht und publiziert worden ist, daß die Voraussetzungen für eine ständige Wiederkehr der gleichen Argumente günstig wären.[1]

Oder hängt der unhistorische Umgang mit dem Kunstmarkt eher damit zusammen, daß er ein Topos der Kulturkritik ist, zu dem man immer wieder gerne zurückkehrt, um sich gemeinsamer Abneigungen und Befürchtungen zu versichern, gleichsam gesellschaftskritisch aufzuwärmen? Kaschiert die Frage, die immer wieder aufs neue beantwortet werden will, ein Problem, das nicht zu lösen ist?

Worin besteht das Problem? In einem umgangssprachlichen Sinn gilt der Handel als mindestens ebenso unästhetisch, wie die Kunst als autonom. Während man die Vermarktung in so gut wie keiner anderen Branche noch für anrüchig hält, haftet dem Handel mit der Kunst nach wie vor ein schlechter Ruf an. Der Markt wird unter anderem deswegen als unästhetisch beargwöhnt, weil er sich um seine Waren auf Dauer wenig schert. Die Unzuverlässigkeit seiner Prognosen und Kriterien, die Forcierung von Stilen, die im nächsten Jahr schon wieder dementiert werden, seine Hektik, seine Vergeßlichkeit und die Fülle der in Umlauf gebrachten Waren stehen in offenkundigem Widerspruch zur Seriösität der Werke, die er verlegt. Daraus resultiert ein Unbehagen, das sich durch Gerüchte, Verschwörungstheorien und Enthüllungen zum regelrechten Haß auf die Händler aufrüsten läßt.

Aber auch in einem mehr als nur umgangssprachlichen, nämlich im philosophischen Sinn gilt der Kunsthandel als unästhetisch, weil er schon durch seine bloße Existenz das idealistische Postulat widerlegt, der Umgang mit der Kunst gründe im „interesselosen Wohlgefallen." Die Interessengebundenheit der Geschäfte dementiert den Anspruch der Kunst, das gesellschaftliche Leben transzendieren zu können. Der Warencharakter der Kunst hält wie ein zentnerschwerer Sandsack den idealistischen Heißluftballon Kunst auf dem Boden der Tatsachen fest.

Aber trifft denn Kants interesseloses Wohlgefallen überhaupt irgendwo auf die Mischungsverhältnisse menschlichen Handelns zu? Handeln der Sammler, die Kunstkritikerin, die Museumsdirektorin oder der Ästhetikprofessor, welchletztere ihre Beamtenexistenz auf die Kunst stützen, im Kantschen Sinne? Wohl kaum. Ja, in Wahrheit ist es noch schlimmer. Denn der Markt dementiert nicht nur die Kantsche, er dementiert jede Ästhetik, die geschlossen und anspruchsvoll ist. Er ist der unbesiegbare Agent jenes vielbeschworenen demokratischen Pluralismus, dessen deutsche Übersetzung Beliebigkeit lautet, der eigentliche Motor jener ständigen „Umwertung aller Werte", die Nietzsche als das Bewegungsgesetz der Moderne diagnostiziert hat.

In der Tat wird auf dem Markt jeder zum Nihilisten, dem sich das Quidproquo von Tauschwert und Gebrauchswert nicht mehr enträtseln will. In der Debatte über den Kunstmarkt erkennt man das Bemühen, festzustellen, welche Macht der Markt in unserer Gesellschaft besitzt; im Ressentiment dagegen, was der Markt der Kunst antut, geht es darum, was er uns allen antut.

Phantasmagorie. Der Weg zum Markt ist, was die Kunst angeht, auch deswegen so schwer zu finden, weil eine Reihe dubioser Wegweiser in weitläufige Zirkelschlüsse von Promenaden und Umgehungsstraßen ablenken. So wird zur Begründung der Aversion gegen die Kunstvermarktung gerne die Vorstellung herangezogen, daß Kunst ursprünglich nie Ware war, sondern eine stets außerhalb der Marktverhältnisse angesiedelte, authentische, womöglich sogar rein moralisch motivierte Grundäußerung des Menschen, die allenfalls formal spekulativ war, nie aber im ökonomischen Sinn. Diese Vorstellung gehört, wie die des Kunstmuseums, in das große und schöne Traumbuch der bürgerlichen Gesellschaft. Sie entstand gleichzeitig mit dem Beginn einer breiten Kunstvermarktung in bürgerlichen Kreisen, und sie florierte besonders in Deutschland, wo auch sonst: Es waren deutsche Romantiker, die den Künstler als geschäftsuntüchtigen und gerade deswegen respektablen Visionär dem bürgerlichen Erwerbsstreben und seiner Borniertheit entgegensetzten.[2] Es verwundert nicht, daß sie auf ein frei herbeiassoziiertes Mittelalter zurückgreifen mußten, um ihre Künstler als Zölibatäre nicht des Geschlechts-, sondern des Geschäftslebens ausgeben zu können; die zeitgemäßen Mönchsphantasien waren vor zweihundert Jahren eben die eines Wackenroder, nicht die eines Eco. Liest man heute die Herzensergießungen jener Generation, so wird man von ihrer beschwörenden Absicht ergriffen: Sie sollten durch die Schönheit der Fiktion das Bürgertum davon abgehalten, die Künste in seine Strategie einer gnadenlosen Gleichmacherei aller Dinge einzubeziehen. Die edle Absicht konnte aber nur auf dem Nebengleis des schlechten Gewissens vorankommen: Sie stiftete das zählebige Klischee von der besonderen gesellschaftlichen Stellung der Künste, das bis heute gegen ihre Vermarktung ins Feld geführt wird, ohne diese verhindert zu haben.

Eine andere Strategie der Romantik, die absehbare Vermarktung von Literatur und Kunst in der bürgerlichen Gesellschaft zu überspielen, bestand in der Aktivierung eines moralischen Berufsbildes, das im *Handwerker* die sprichwörtliche Ehre gegen die profanen und moralisch gleichgültigen Verwertungsinteressen des Händlers aktivierte.[3] Bis heute ist dieses Selbstverständnis respektabel geblieben, auch wenn es sich in einem gleichen Anachronismus gegen die Kulturindustrie behaupten muß wie ein Tante-Emma-Laden gegen eine gewerkschaftseigene Supermarktkette. Mit der selbstgenügsamen, fast masochistischen Parole einer *l'art pour l'art* steht es auf aussichtslosem, aber tapferkeitsmedaillenverdächtigem Posten. Gleichwohl ist es ein randständiges Phänomen, das den Markt garniert, aber weder prägt noch verdeutlicht: Der Widerstand gegen die Vermarktung der Kunst hat das Bild des Desasters entweder nur *ex negativo* geliefert oder im Mythos kompensiert. Das ist, angesichts der Bedeutung des Problems und des historischen Vermögens der Kunst, nicht gerade viel.

Medienversagen. Als das Bürgertum sich hierzulande der Kunst annahm, war eine zupackende Anschaulichkeit ihre entscheidende Qualität, die im Zeichen eines „Bürgerlichen Realismus" in Kunst und Literatur noch einmal zu Hochform auflief. Im 19. Jahrhundert haben die freien wie die angewandten Künste ein letztes Mal alle Register gezogen, die ihnen zur Veranschaulichung des Sichtbaren wie des Unsichtbaren zur Verfügung standen. Jahrhundertealte Traditionen, in denen sich Geschichte und Natur, Erotik und Exotik, Sozialleben und Stadtlandschaft artikulieren und vor Augen führen ließen, brachte dieses Jahrhundert auf die Höhe der modernen Zeiten. Während die Lebensverhältnisse immer abstrakter wurden im Zeichen von Industrialisierung, Kapitalwirtschaft und Verstädterung, bot die Kunst alle ihre Mittel auf, um die Welt noch ein letztes Mal anschaulich *erscheinen* zu lassen – wovon selbst spätere Dogmatiker der marxistischen Ästhetik sich noch gerne blenden ließen.

Doch blieb dabei ein Erfahrungsbereich ausgeklammert, nämlich der des Marktes. Die Kunst konnte den Markt, auf dem sie selbst schwunghaft gehandelt wurde, nicht veranschaulichen. Das Paradies oder die Übergabe von Breda, Leda mit dem Schwan oder die Eisenverhüttung, der Chor der Engel und andere schwer vorstellbare Sachen – diese Herausforderungen hatte die Malerei angenommen und gemeistert. Aber was den Markt anging, so ist sie über Genre und Vedute, was den für Kunst betraf, über Watteaus Ladenschild des Händlers Gersaint von 1720 nicht hinausgekommen. In der intellektuellen Verachtung des Kunstmarktes wie der modernen Kunst steckt mindestens ein Körnchen dieser Dialektik: Die Kunst ist Ware auf einem Markt geworden, den sie nicht darzustellen vermochte.

Visionen. Es hieße wohl, Alfred Sohn-Rethel zu parodieren, wollte man die Entstehung der abstrakten Kunst als Reflex auf die Unmalbarkeit abstrakter Marktverhältnisse interpretieren. Man darf andererseits aber auch nicht glauben, den Künstlern wären diese Verhältnisse nicht geläufig gewesen. Die Erfolgslegenden der frühen Moderne berichten freilich von besessenen Einzelgängern, die, ohne jede Spekulation auf Verkäuflichkeit, nur aus ihren Visionen heraus gemalt und daher zu Lebzeiten auch kaum ein Bild verkauft hätten; deren Hauptwerke sich nur dank findiger Sammler überhaupt posthum hätten aufspüren lassen und die von allen Repräsentanten des zeitgenössischen Kunstbetriebes verlacht worden wären. Diese Legenden leugnen die Existenz eines Kunstmarktes keineswegs, nur beziehen sie ihre Suggestivität daraus, daß ihre Helden von diesem Markt verbannt blieben. Ausnahmen bestätigen die Regel: Sammler und Händler, die frühzeitig zugegriffen haben, gehen in die nämliche Legende als Pioniere des guten, nämlich unseres Geschmacks ein. Die einst fehlende Marktgängigkeit gilt als posthumes Qualitätssiegel der frühen Moderne, wenn auch nur in wenigen Fällen die Stiftung Warentest solche Legenden unbeanstandet durchgehen lassen dürfte. Van Gogh ist der Idealfall dieser Legende; von seiner unbestrittenen Radikalität – die um so erstaunlicher war, als er über veritable Kunsthandelserfahrungen verfügte – zehrten zahlreiche Kreuzritter der Moderne, die genau wußten, daß man mit solchen Legenden auf einem Markt reüssieren konnte, der keiner sein wollte: auf dem Kunstmarkt. Eine nüchtere Rekonstruktion der Kunstgeschichte der letzten zweihundert Jahre hätte im Verhältnis der Künstler zur bürgerlichen Vermarktung die Pose der Unkommerzialität als eine der kommerziellen Werbung zu analysieren, wie überhaupt die schwungvolle Beihilfe der Künstler eher die Regel gewesen sein dürfte.[4] Vor dem Geld sind eben alle Dinge gleich, sie haben nur verschiedene Legenden.

Klopfzeichen. Seit dem Beginn der verschärften Moderne, also seit Anfang unseres Jahrhunderts, finden sich nun Werke, die zwar nicht das Abbild des Marktes liefern, in denen aber unüberhörbar das Thema des Warencharakters der Kunst rumort. Von Marcel Duchamps *ready-mades* über Andy Warhols Fabrikationen bis hin zur jüngsten Krone der Wertschöpfung, Jeff Koons, hat das Motiv des Marktes an die Pforten einer Kunst gepocht, die es zwar nicht darstellen, sich aber auch nicht mehr leisten konnte, es zu ignorieren. Gerade die Gegenwartskunst zwingt dazu, ihre Marktsituation umsichtig und ohne die nachgerade archetypische Polemik in die Interpretation einzubeziehen, was auch für frühere Künstlergenerationen und Kunststile nichts schadet, angesichts der Erfolge etwa eines Andy Warhol jedoch schlicht unausweichlich ist.

Mit seiner Kunst kreuzte er die magischen Schwellen des Betriebs kühl als Multiplikatoren des Tauschwerts und kalkulierte offenbar jede Geste auf dem Markt in dem Bewußtsein, daß er Bühne, wenn nicht sogar Ursprung aller zeitgenössischen Mythen ist. Er tat dies sicherlich nicht nur instinktiv und souverän, sondern auch gut beraten von Leuten, welche die New Yorker Weltmarktstellung in Sachen Kunst noch besser durchschauten, als Warhol zuvor den lokalen Markt für Werbegrafik verstanden hatte, der auch schon kein schlechtes Übungsfeld war für jemanden, der es auf einem Bildermarkt zu etwas bringen wollte, egal auf welchem. Was in der kritischen Tradition europäischen Denkens als düsteres Szenario einer skrupellosen Tauschwertorgie beschrieben werden müßte, setzten angelsächsischer Pragmatismus, kapitalistische Unbefangenheit und New Yorker Cleverness in eine „smart art“ um, die den gleichen Sachverhalt präzisiert, aber auf eine andere Weise auftrumpft, als Linksintellektuelle das zu tun pflegen, nämlich affirmativ und gewinnbringend, womit sie sich zwangsläufig und vielleicht ja auch zu Recht den Vorwurf des geistigen Landesverrats zuziehen muß. Aber es hilft nichts: Andy Warhol und seinen Eleven ist für den Markt gelungen, was Marcel Duchamp für das Museum gelang, nämlich das Terrain durch verschlagene Beiträge zu erhellen – nicht durch Traktate oder Dokumentationen, sondern in der gebotenen Camouflage der *idealen Ware.* Der Triumphator des Spätkapitalismus ist nicht mehr jener Vertreter, dem es gelang, einem Eskimo einen Eisschrank zu verkaufen, sondern ein Schüler Andy Warhols, Jeff Koons, der es ohne ersichtliche Qualifikationen handwerklicher Art schaffte, *der* Künstler der späten achtziger Jahre zu werden, weil sich in seinem Werk die entscheidende künstlerische Erkenntnis dieses Jahrzehnts inkarnierte und potenzierte: Wie die Schallplatte durch die unsichtbare und unanschauliche Elektronik hörbar wird, gewinnt Kunst auf dem unsichtbaren Markt erst ihre Sichtbarkeit.

Strömungslehre. Der Markt wird bei dieser Epiphanie in Grenzen auch selbst sichtbar, etwa bei den Kunstmessen. Wollte man aber aus ihrem Erscheinungsbild herauslesen, wie er in Wirklichkeit aussieht – es käme dem Versuch gleich, aus dem Studium eines Schaufensters auf den Aufsichtsrat einer Warenhauskette schließen zu wollen. Die Kunstmessen sind irreführende Momentaufnahmen der Marktverhältnisse, wie etwa Flughäfen solche des Fluggeschehens: Solange die plumpen Maschinen auf dem Boden herumkrebsen, erahnt man kaum ihre weitreichenden Fähigkeiten. Erst wenn ein klarer und kalter Wintermorgen die Kondensstreifen der Jets lange genug fixiert, gewinnt man aus ihrem entgleisten Spinnennetz eine Vorstellung vom täglichen Gewebe der Fluglinien unter dem Himmelszelt. Da Kunstwerke leider keine solchen Spuren nach sich ziehen, werden Umschlaggeschwindigkeit, Zuwachsraten und die verzweigten Handelswege ihrer Transaktionen nie richtig sichtbar. Allenfalls die Auktionen erlauben begrenzte Einblicke in das Strömungsfeld, was für alle Beteiligten durchaus riskant sein kann: Der Bieter kann das Interesse des Finanzamtes auf sich ziehen, einem Galeristen oder einem Künstler können ihre sorgsam gestützten Preislegenden unvorhergesehen zusammenbrechen, weswegen wohl einer der im Augenblick teuersten deutschen Künstler in Kaufverträgen eine Klausel vorsieht, die es ausschließt, daß bei Weiterverkäufen das Werk den sichtbaren Weg über eine Auktion nehmen darf.

Energiefelder. Der Markt ist der Ort, wo Kunst in die *lingua franca* aller Dinge übersetzt wird und damit ihren Rang zugeordnet bekommt, in die des Geldes. Ohne Markterfolg gibt es keine Kunst, sondern nur Hobbys – wovon namentlich das Finanzamt ausgeht, und zwar gnadenlos. Wer so redet, gilt schnell als Defätist, wahlweise als Schüler von Karl Marx oder Willi Bongard, was in diesem Betrieb gleichermaßen degoutant ist, aber nur, wer so *redet.* Niemand, der es auf dem Markt zu Erfolg bringen will, kann es sich leisten, nicht so zu denken, nur spricht man über die Waren des Kunstmarktes des 20. Jahrhunderts gern in den Floskeln der Ästhetik des 19. Jahrhunderts und ist sich, darin zumindest, einmal mit den Marktkritikern einig, was aber keinem der beiden Kontrahenten auffällt.

Es sind ohnehin nicht Rede und Gedanke, die auf dem Markt etwas bewegen, sondern das Geld. Die Künstler können über diese Tatsache nur froh sein, denn es sind die anfangs kleinen und später großen Investitionen der Händler und Sammler, die ihre Machwerke überhaupt wahrnehmbar machen. Wen würde es, Hand aufs Herz, im Zeitalter vielfältig bewegter Bilder noch nachhaltig interessieren, ob eine Leinwand rot oder blau angemalt ist, eckig oder flockig, wenn sie nicht gleichsam als Wappen jener Finanzströme erschiene, die sie in die Zentralen der Wahrnehmung tragen? Kunst ist heute nicht, wie unter dem Postulat ihrer Autonomie gerne behauptet wurde, ihr eigenes Zeichen, sondern vor allem Zeichen für etwas anderes, nämlich ihren Geldwert. Die Geldmengen, die sich bereits hinter einem auf dem Markt angebotenen Werk gesammelt haben, um von noch größeren Geldmengen ausgelöst zu werden, sie übertragen eine geradezu summende Energie in das Werk. Es heißt in der Tat *nicht*, Walter Benjamin zu parodieren, wenn man diese Energiezufuhr als Quelle einer neuartigen und elektrisierenden Aura der Kunstwerke bestimmt. Es ist eine einzigartige Kraft, die sich wahrscheinlich nur dem Sammler voll mitteilt. Zu ihren zauberischen Eigenschaften gehört, daß sie die Werke in der Überschärfe eines Entscheidungsdrucks erscheinen läßt, der die Sensibilität weit über die eines normalen Betrachters hinaustreibt. Die Koordinaten der Spekulation, in denen das Werk auf dem Markt prompt und kompetent beurteilt werden will, sie lassen im Kunstwerk Vergangenheit und Zukunft aufblitzen, speisen eine Fülle von Vergleichsdaten ein und geben dem Werk eine suggestive Tiefe wie einst ein *repoussoir.* Selten werden Kunstwerke heute noch so genau betrachtet wie in diesem Moment der Taxierung.

Coda. In den Nachrichtensendungen sieht man bisweilen dramatische Filmaufnahmen von Überschwemmungen und Erdrutschen: Oben auf den Flüssen, die breit über die Ufer getreten sind, oder auf den reißenden Fluten, die sich plötzlich gebildet haben, ziehen die Habseligkeiten der Betroffenen dahin, Möbel, Küchengerät und Fensterrahmen, Vieh und Wagen, Kleider und Truhen. Die Werke der Kunst treiben heute so auf den Geldströmen unseres Jahrhunderts, die man sich auch über die Ufer tretend und reißend vorstellen darf. Nur handelt es sich nicht um eine Katastrophe, über die man etwas in den Nachrichten erführe, sondern um *business as usual.*

Kölns Galerie-Gesellschaft
Ein Sittenbild

Wer Anfang der achtziger Jahre durch Kölner Galerien streifte, als dort die Kunst der neuen Dekade ausgerufen wurde, mußte sich an einen neuen Geruch gewöhnen. Wo man auch hinkam, roch es nach Farbe, denn es wurde wieder gemalt, und zwar recht heftig. Zehn Jahre später, im Frühjahr 1990, war bei den Galerie-Eröffnungen ein völlig anderer Geruch auszumachen, ebenso vielversprechend, aber nicht ganz so einfach zu bestimmen – ein ganz besonderes Fluidum, das die Kunst zum Strahlen brachte und ihre Betrachter auch. Mit anregender Wirkung umfächelte es die Vernissage-Touristen; man meinte es aus dem Luftzug herausfiltern zu können, den ein beschwingtes Paar verwirbelte, erkannte es im *small talk* mit einem Künstler wieder, zog sicherheitshalber eine Vergleichsprobe am nächstbesten Buffet, und plötzlich verdichtete sich das Gerücht zur Gewißheit: Kein Zweifel, es roch nach Geld.

Was für ein Duft! Anders als jedes Parfum bewirkt er keine Belästigung, dosiert man ihn achtlos zu hoch; im Gegenteil, er hebt ungemein, auch die Kunst. Er stiftet einer Gesellschaft den unsichtbaren Rahmen, die sich trifft und trennt im Konversationsstil der Zeit, einem sozialen *channel hopping*, hier einen Aufsteiger umwirbt und dort einen Absteiger schneidet, umwoben vom grünen Band der Sympathie, das der Frühling statt des blauen durch Kölns Galerietüren flattern läßt. Das Personal dieser Vernissagen hat einen harten Kern, dessen Mitglieder sich von anderen rituellen Jamborees des Betriebs her kennen, von Pressekonferenzen, Symposien, Biennalen und Kunstmessen. Hierzu zählen die Reisenden des Betriebs, Ausstellungsmacher, Autorinnen und andere Funktionäre dieses einzigartigen Gewerbes, das selbst dem Funktionärstum kultivierten Glanz verleiht; Händler und Galeristinnen, auch aus vom Glück weniger gesegneten Marktstandorten wie München oder Frankfurt; Künstler in allen sozialen Aggregatzuständen; smarte Grenzgänger zwischen Kunst und Werbung sowie abgebrühte Trittbrettfahrer der kulturellen Öffentlichkeit, die der Kunstmarkt sich inzwischen geschaffen hat; Simultandolmetscherinnen des Zeitgeistes und die unentwegten Zulieferer der ästhetischen Regenbogenpresse; Kunstkritiker schließlich, Berufsnörgler und andere Zukurzgekommene der allgemeinen Brotvermehrung. Sie bewegen sich in einem zahlenmäßig überlegenen, aber nur schwer entzifferbaren Laufpublikum, dessen Erscheinungsbild mit den Moden wechselt und sich Ende der achtziger Jahre eine Weile so ausnahm, als habe eine Versammlung von Yuppies sich als multikulturelle Gesellschaft verkleidet.

Kulturrevolution. Diese Gesellschaft formierte sich, als Anfang der achtziger Jahre die Wiederaufwertung der Malerei dem bis dahin eher überschaubaren Galeriebetrieb eine kleine Kulturrevolution bescherte. Die Galerie wurde zum „öffentlichen Raum", wie sich Paul Maenz mokierte, als er 1990 überraschend die Schließung seiner eigenen bekannt gab.[1] Maenz, ein disziplinierter Virtuose der Öffentlichkeitsarbeit, galt eigentlich als Rädelsführer dieser Kulturrevolution, weil er Anfang der achtziger Jahre eine Handvoll Maler adoptiert hatte, die mit ihrer frivolen Verquickung von Pseudo-Punk, Neo-Expressionismus und Konzept-Verwirrung den lukrativen Irrtum lancieren halfen, es gäbe wieder eine Kunst, die nicht nur für ein zahlendes Publikum von Kennern, sondern auch für Uneingeweihte direkt zugänglich, handfest brauchbar, glaubwürdig und bedeutungsvoll sein könnte. Die Popularität der neuen Maler gedieh im gleichen Maße wie die ästhetische Rechtfertigungsprosa, der zwei der Galerie nahestehende Autoren mit ihrem flugs plazierten Buch „Hunger nach Bildern" Auftrieb gaben, und eine Zeitlang war es in den unterschiedlichsten Subkulturen der Stadt angesagt, sich bei Maenz einzustellen, wenn Keith Haring nackte Männer bemalte oder Walter Dahn neue Strichmännchen zeigte.[2]

In dem Maße, wie Kunst dann zum Konsumabenteuer der achtziger Jahre geriet, wuchsen die Präsentationen der Markenware sich zu veritablen Saalfüllern aus; zuletzt konnte Maenz den Andrang zu einer Vernissage Anselm Kiefers sogar spektakulär von einem Türsteher portionieren lassen. Zu seinem Abschied aus der Galeristen-Szene ließ er dann Klagen über Kommerz und Entertainment in der Kunst vernehmen, wie man sie in den Jahren davor eher *über* ihn gehört hatte. Es war zweifellos ein triumphaler Luxus, eine derart professionelle und kommerziell einträgliche Kunsthändler-Laufbahn mit elitären Ekelreaktionen zu quittieren. Aber natürlich war auch Maenz klar, daß der Betrieb selbst von jenen nicht mehr zu bremsen ist, die ihn in Schwung gebracht haben. Ohnehin sorgen nicht die kühl und reserviert wirkenden Händler für den Enthusiasmus, der den Markt unter Strom hält, sondern die Sammler. Sie sind die Hefe der Galerie-Gesellschaft.

Schneller Sammeln. Es sind Veteranen darunter, deren lokaler Repräsentant 1987 mit dem Restaurator Wolfgang Hahn verstarb, ohne daß ein Nachfolger sein Ansehen hätte beerben können, obwohl Kandidaten sich durchaus anbieten. Sie waren schon seit längerem mit der finanziell gut abgefederten Komposition anspruchsvoller Kollektionen befaßt, als sie Anfang der achtziger Jahre jene hemdsärmeligen Parvenus gewärtigen mußten, die sich mit den „Jungen Wilden" kommod machten. Die Kulturrevolution des Marktes wurde nämlich auch durch eine neue Spezies von Sammlern vorangetrieben, die schnell neben den Veteranen an Bedeutung gewann.

Als Gelegenheitssammler haben manche von ihnen angefangen, als im ersten Kaufrausch echte „Neue Wilde" noch für vierstellige Summen gehandelt wurden. Sie waren junge Ärzte, Manager, Architekten, Designer, Händler oder Anwälte, die ihre Eigenheime gerade fertiggestellt oder die Abtragung ihrer Büro- und Praxisräume günstig geregelt hatten. Sie konnten mithalten auf dem sich gerade etablierenden Markt für eine Kunst, von der manche Galeristen schon lange geträumt hatten. Nach Jahren konzeptioneller Vergeistigung und erweiterter Kunstbegriffe hatte die neue Malerei nämlich den Vorzug, daß sie unverkennbar und auch für den Laien sofort plausibel „wieder wie Kunst aussah“, wie einer ihrer Vertreter, der Hamburger Maler und Schriftsteller Werner Büttner, einleuchtend und kompetent resümierte.

Kluge Maler rieten ihren Galeristen später, der Kundschaft der ersten Stunde spürbare Achtungsrabatte einzuräumen, als Profis den Markt an sich gebracht und die Preise in Höhen geschraubt hatten, angesichts derer manche Jungsammler erst einmal nachrechneten, um zu dem Ergebnis zu kommen, daß ihre Wohnungen schon vollhingen. Andere gehören inzwischen selbst zu den Profis. Sie haben als Überzeugungstäter mit rasch wechselnden Überzeugungen einen weiteren Traum des Gewerbes wahr gemacht. Waren nämlich früher die Spielräume von Neugier und Hängeflächen oft schnell erschöpft, wenn eine Kunstsammlung in einem Privathaus Platz griff, so handelt eine neue Generation offenkundig nach einer umsatzfreudigeren Maxime: Schneller Sammeln. Diese ist nicht sportlich zu verstehen, obwohl Reaktionsschnelligkeit und Entscheidungsfreude dazugehören, sie betrifft vielmehr das Tempo, in dem das Inventar der Sammlung ausgetauscht wird, wobei sich als bleibende Werte jene Werke herausschälen, von denen sich keiner trennen will und deren Preisexplosionen mit ungläubigem Staunen verfolgt werden. So sind in wenigen Jahren Millionenwerte mit vergleichsweise geringen Investitionen zusammengebracht und gehalten worden, während die Spreu an die Marktränder weiterwanderte, wo Langzeit-Gelegenheitssammler den Spekulationsschutt in Praxen und Wohnzimmern verschwinden lassen.

Der neue Sammler kauft mehr als früher, und zwar auf Risiko; er weiß, daß der Markt groß und beweglich genug ist, um selbst Fehlkäufe noch lohnend zu machen. Er könnte es sich auch nicht leisten, den Kauf eines Bildes wochenlang zu erwägen, weil es dann vielleicht schon ein anderer gekauft hätte, und so prüft er das Werk auch dann noch, wenn es schon an der eigenen Wand hängt. Der Kauf ist heute nun mal die intensivste Form der Kunstbetrachtung, und dieser Schwebezustand hält so lange an, wie ein Weiterverkauf oder die diskrete Rückgabe an den Galeristen denkbar erscheint, zu der sich die gediegenen Vertreter der Branche nach einem ungeschriebenen Gesetz bereitfinden, das allerdings von forschen Marktpiraten ignoriert wird, denen es egal ist, wenn Künstler plötzlich durch panikartige Weiterverkäufe und Preiseinbrüche ins Gerede kommen, denen sie noch kurz zuvor glänzende Zukunftsaussichten angedichtet hatten.

Wollte man nun den traditionellen Sammler, etwa Wolfgang Hahn, gegen den neuen, spekulationsfreudigen Typus ausspielen, so ergäben sich falsche moralische Fronten. Denn auch Hahn sorgte zuletzt für einen regen Umsatz in seiner Sammlung, verkaufte etwa extrem im Wert gewachsene Gemälde von Kiefer, um Spielraum für sein neues Interesse an Skulpturen zu gewinnen. Wenn man ihm in Party-Runden lauschte, ließ sich Anfang der achtziger Jahre schon der Eindruck gewinnen, es mache unter seinesgleichen mittlerweile weniger das Prestige eines Sammlers aus, was er besitzt, als vielmehr das, was er wieder verkauft.

Spekulation. Galeristen haben daher Schwierigkeiten, unter ihren Kunden echte Sammler noch zuverlässig von reinen Spekulanten zu unterscheiden und begünstigen die allgemein heraufdämmernde Erkenntnis, daß es beide Typen des Kunstkäufers nicht mehr ungemischt gibt – an Mäzene glaubt der Betrieb ohnehin nur an Feiertagen. In New York hatte Ende der achtziger Jahre ein sogenannter *secondary market* von flinken Weiterverkäufern die Galeristen schon hinreichend alarmiert, daß sie es nicht mehr ungestraft durchgehen ließen, wenn angebliche Sammler ihre frisch erschlichene Beute schon Tage später per Telefon zu verhökern suchten oder auf Auktionen gaben und damit die sensible und kryptische Preisgestaltung außer Kontrolle zu bringen drohten, die nach wie vor das Herz des Kunsthandels ist.

Solche Krisen, durch Spekulantenpools und Rendite-Abenteurer, die immer wieder den Markt heimsuchen, verursacht, stellen sich dem Laien als Boom dar. Die Spitzenpreise, die auf Auktionen erzielt werden, und die Prominenz, die einzelne Nachwuchskünstler plötzlich erhalten, geben das Bild eines scheinbar florierenden Marktes ab, dessen professionelle Anbieter sich aber bereits Sorgen machen, während sie ihren Anteil am Boom im Auge behalten. Sie mißtrauen dem Glanz der Auktionspreise, die nun wie ein Lauffeuer durch die Presse gehen, weil sie die Aussagekraft von Tagespreisen für den Markt *nicht* überschätzen und eine kontinuierliche und kalkulierbare Preisbildung den singulären Öffentlichkeitsanreizen vorziehen. Während Auktionen die Bereitschaft honorieren, plötzlich knapp gewordene Werke eines gefragten Künstlers auf den Markt zu geben, wissen sie, daß solche Preise im Galeriebetrieb nicht zu erzielen sind, selbst wenn die Werke danach überhaupt knapp bleiben. Sie sorgen sich darum, daß plötzlich eine glanzlose Auktion, die Laune eines Anleger-Pools, eine vielbeachtete schlechte Ausstellung oder eine politische Krise den Spekulanten-Stau auflösen und sie auf dem Pannenstreifen zurücklassen könnte – wie es dann vielen von ihnen nach dem Golfkrieg Anfang 1991 auch drohte. Und bei keinem Markt wird es hämischer kommentiert, wenn er in eine Krise gerät; nirgendwo erwarten Unbeteiligte gespannter den Ruin prominenter Spekulanten und Händler als auf dem Kunstmarkt. Die These von Karl Marx, derzufolge der Kapitalismus zwangsläufig, nämlich gesetzmäßig Krisen produziert, wird von allen energisch bestritten, die fest auf dem Boden der Marktwirtschaft stehen, aber ihre Gültigkeit für den Kunstmarkt setzt jeder stillschweigend voraus.

Rheinischer Kapitalismus. Die Auswirkungen des *secondary market* waren auch in Köln zu spüren und belasteten manche Kooperation mit New Yorker Galerien. Denn fernab der Spekulationsmetropole am Hudson probierten dort Abgewiesene natürlich, ob sich ihr schlechter Ruf schon bis an den Rhein herumgesprochen hatte. An beiden Marktstandorten ist die Spekulation nach wie vor ein Problem für die Galeristen, aber nur ein pragmatisches, nicht das moralische, das Kunstkritiker und Künstler hierzulande in ihr sehen wollen. In New York wäre es vermutlich mühsam, solche moralischen Bedenken überhaupt verständlich zu machen, in Köln versteht man sie zwar noch, teilt sie aber nicht. Hier sieht man überhaupt manches gelassener, wofür nicht allein der rheinische Optimismus verantwortlich ist. Der Kapitalismus der harten Sorte, wie er in New York marodiert, wird zwar auch hier beobachtet, aber er ist doch kulturell und sozial noch anders eingebunden als in der Neuen Welt.

Köln verfügt ohnehin über eine besondere Infrastruktur, die sich dem Fremden nie richtig erklären läßt. Es ist der Klüngel, für den die Stadt berühmt ist, und der, wie jeder Mythos, auch einen wahren Kern hat. Zur Thermodynamik des Klüngels gehören die fließenden Übergänge zwischen politischen, wirtschaftlichen und kulturellen Interessen, die man hier nie so streng und protestantisch trennen würde wie einst der Thüringer Max Weber. Ja, ein spezieller rheinischer Agnostizismus hält sie im Prinzip für kaum unterscheidbar. Darin lebt das Dialektische des hiesigen Katholizismus, das Nikolaus von Cues einst in die Lehre von der Einheit der Gegensätze faßte, bis heute fort.

Es war nämlich nie die katholische Bilderliebe allein, die das Rheinland schon früh zu einer Hochburg der Sammler und Kunsthändler werden ließ, sondern auch der Hang zu einer Spekulation, die im Kunstwerk gleichzeitig geistige wie wirtschaftliche Nahrung sucht. Sie hat ein historisches Vorbild im mittelalterlichen Reliquienhandel, für den das „Rom des Nordens" ein wichtiges Zentrum war. Mit rheinischer Nonchalance war die Zahl der Jungfrauen aus dem Gefolge der Hl. Ursula, die hier den Märtyrertod erlitten haben sollen, im Mittelalter von elf auf gleich elftausend erhöht worden, und die Ausbeutung eines römischen Gräberfeldes ließ Herstellung und Vertrieb von Reliquien so lange blühen, bis der Papst ein Ausfuhrverbot erteilte.[3]

Aber so weit braucht man gar nicht in der Geschichte zurückzugehen, um die Neigung der Kölner zur ikonophilen Spekulation zu belegen: Während Ferdinand Franz Wallraf seine überreichen Sammlungen der Stadt mit der Auflage vererbte, sie öffentlich zugänglich zu machen, haben die Brüder Boisserée die ihre lange überregional feilgeboten und schließlich teuer an den bayerischen Hof verkauft, nachdem sie mit Ausdauer und Charme sogar Goethe dafür hatten gewinnen können, sich lobend und damit wertsteigernd über ihre Bestände zu äußern.[4] Beide Typen des Umgangs mit Sammlungen markieren bis heute den Spielraum hiesiger Bilderliebe: Sie ist ein bereits lang erprobter Klüngel aus Ästhetik, Prestige und Ökonomie – Spekulation in einem reicheren als dem heruntergekommenen Sinn des Wortes.

Klüngel. Im Frühjahr 1990 lieferte das geschickte Zusammenspiel von neun ansässigen Galerien mit ihrer Gemeinschafts-Ausstellung „The Köln Show" ein Musterbeispiel für diesen Klüngel, und zwar so pointiert, daß die Initiatoren anfangs mit dem Gedanken spielten, die Veranstaltung „When Klüngel becomes form" zu nennen. Der Plan wurde fallengelassen, weil man zu Recht befürchten mußte, daß Ortsfremde vorschnell bloß für witzig gehalten hätten, was in Wahrheit Ausdruck einer hier beheimateten leichtfüßigen Intelligenz ist, die einen Hang zur Koketterie aufweist. Die Pointe hätte ohnehin der Erläuterung bedurft, denn „When attitudes become form" war der Titel einer Ausstellung, mit der Harald Szeemann 1969 in Bern eine Ära einleitete, in der sich Ausstellungsmacher schließlich als eigenmächtige Vermittler des Zeitgeistes profilieren konnten. Mit dem „Bilderstreit"-Fiasko ist diese Ära 1989 in der Domstadt selbst – natürlich *op d'r schäl sick* der Deutzer Messehallen – erst einmal abgeläutet worden. Selbstbewußt demonstrierte daher die Köln Show, daß es nur einer gewissen Einigkeit bedarf, damit der Handel kompetent vorsortierte Zeitgeist-Hinweise gleich selber unters Volk bringen kann.

Mit dieser strategischen Einigkeit in der Konkurrenz, die auch zum Klüngel gehört und inzwischen von anderen Städten nachgeahmt wird, haben die Galerien der Stadt schon früh gute Erfahrungen gemacht. Gleichzeitig terminierte Eröffnungen in einem von mehreren Händlern angemieteten Galerie-Haus nahmen schon Anfang der siebziger Jahre vorweg, was in den achtzigern mit „Premieren" institutionalisiert wurde, mit Eröffnungsabenden, zu denen sich schließlich stadtweit über sechzig Galerien verabredeten. Um ihren Absatzmarkt so zu konsolidieren, daß alle Anbieter von ihm leben können, war es für die Branche immer schon angebracht, gemeinsam zu eröffnen und getrennt zu kassieren.

Die Köln-Show war eine Implosion dieses Klüngels, weil eine Neunerbande der pikierten Konkurrenz einen Tag vor den anstehenden Premieren die Schau zu stehlen verstand. Wie überhaupt unter den ansässigen Galeristen, waren auch unter den Separatisten die waschechten Kölner in der Minderheit; die

Mehrzahl belegte, wie schnell der *genius loci* offenkundig auch den Zugewanderten ereilt. Allerdings waren allein sechs Frauen für die Köln-Show maßgebend, was durchaus kein Zufall ist, sondern zeigt, in welchem Ausmaß der viel geschmähte Kommerz ein Problem zu lösen sich anschickt, das in den lähmenden Proporz-Diskussionen zwischen Künstlerinnen und Museumsmännern vergebens traktiert zu werden pflegt. Frauen besitzen eine auffällige Bedeutung in der Kölner Galerie-Gesellschaft, und womöglich war es auch ihre Handschrift, der sich die Unbefangenheit der Köln-Show verdankte, eine Mischung aus Enthusiasmus und Gütertrennung, wie sie einst in den sechziger Jahren Wohngemeinschaften mit Trennähten zusammenhielt. Ohnehin ist der Markt inzwischen groß genug, daß die Branche ihre Binnengrenzschutzdienste auch einmal dispensieren kann, und er ist als Bestandteil der modernen Gesellschaft soweit respektiert, daß Galeristen es sich leisten können, in aller Öffentlichkeit so geschickt miteinander zu kooperieren, wie es ihnen verbitterte Marktkritiker schon immer vergeblich nachzuweisen versucht haben.

Nachschub. Die Werke von rund fünfzig Künstlern und fünfzehn Künstlerinnen galt es zu besichtigen.[5] Der Titel eines eigens gedruckten Kataloges apostrophierte sie als „Nachschub", als solle die traditionsreiche militärische Metapher von der Avantgarde nun ohne Post- und Trans- zugunsten einer zeitgemäßeren ausgetauscht werden, die daran gemahnt, daß Waffen und Kunstwerke mit den Drogen die emblematischen Waren des 20. Jahrhunderts sind – wie es Tulpenzwiebeln oder Pfeffer, Reliquien oder Kakao, Gold oder Sklaven für frühere Epochen waren – und die umkämpften Fronten heute zwischen denen verlaufen, die vieles zu verkaufen haben, und jenen, die das alles kaufen sollen.

Faßte man den Nachschub schließlich ins Auge, erlebte man allerdings eine Überraschung: Man hatte die Vernissage-Besucher zu Unrecht in Verdacht; es waren die Werke, von denen der umfassende Geruch ausging! Wie bei der biologischen Schädlingsbekämpfung in Monokulturen ein gering dosierter Duftstoff die Kerbtiere einer ganzen Plantage unwiderstehlich an einen Fleck zu ziehen vermag, können auf dem Kunstmarkt mit ebenfalls noch gering dosierten Investitionen die Werke mit einem Lockduft versehen werden, der die Sammler wie magisch anzieht. Sie lesen die Ausstellungen dann wie Silbenrätsel der Investition, überschlagen mit geübter Witterung in der schwer faßbaren ästhetischen Qualität die mögliche Wirkstoffsteigerung, die allein die Zeit bewirkt, und greifen begeistert zu oder verwerfen die Ware rabiater als selbst der mürrischste Kunstkritiker.

In den urbanen Monokulturen des Kapitalismus müssen als Schädlinge in der Tat alle angesehen werden, die ihr Geld nicht einbringen, um den Warenverkehr in Schwung zu halten. Der Kunstmarkt ist nur eine luxuriöse Variante des allgemeinen Dauerangriffs auf brachliegende Geldreserven; er scheint eigens ersonnen, um die Verwöhntesten umzustimmen. Vor allem aber verführt er jene, die ansonsten mit Grundstücken oder Wertpapieren spekulieren – also auf eine Weise, bei der nichts hergestellt und daher der gesellschaftliche Reichtum auch nicht vermehrt wird –, ihr Glück so zu versuchen, daß ein traditionell besonders angesehener Produktionszweig dadurch Absatzmöglichkeiten gewinnt. Das ist gleichsam die moralische Sendung des Kunsthandels in einer Gesellschaft, welche die kontraproduktive Spekulation inzwischen soweit eskalieren läßt, daß sie – wie beim *unfriendly takeover* – in legale Plünderung umschlagen kann.

Der Nachschub, den die Köln-Show an die Verkaufsfront warf, trug den verführerischsten Duft, den Kunst heute haben kann, den Flair der noch niedrigen Preise, der als Einstiegsdroge in den Markt gelten darf und Anfang der achtziger Jahre bereits die „Jungen Wilden“ so unwiderstehlich machte. Doch wird sich der einstige Marktcoup kaum wiederholen lassen; nichts ist in Sicht, was jemals wieder so griffig sein könnte, wie es damals die schmissige Malerei nach den ätherischen Verästelungen der späten Moderne war. Da half es auch nur wenig, die Köln-Show als Vorgriff auf die Kunst der neunziger Jahre auszugeben. Galeristen in ihrer ganzen erschütternden kommerziellen Nüchternheit können keinem noch so begeisterungsfähigen Zuhörer weismachen, sie glaubten selber an die alberne Einteilung der Gegenwartskunst in Jahrzehnte.

Ertappte man sich bei solchen Abschweifungen, mußte der Verdacht aufkeimen, doch noch vom Marktekel angesteckt und damit ein Opfer des Schadenzaubers geworden sein, den Paul Maenz kurz zuvor mit der Schließung seiner Galerie wie eine ungeladene Fee über die Veranstaltung gelegt hatte. Es ist aber zu einfach, angesichts der Fülle und Schneidigkeit des Marktes mit Überdruß zu reagieren. Solche Stimmungslagen sind, das weiß man nach einiger Zeit im Betrieb, geradezu archetypisch und selten von einem Erkenntniswert, der über die Biographie hinausweisen könnte: Sünden lassen sich eben am besten anprangern, nachdem man sie ausgiebig begangen hat. Freilich sind in der Regel die Vertreter der schreibenden Zunft für solche Standardklagen zuständig, zu der auch die branchenübliche Leier von der ewigen Wiederkehr des Gleichen zählt, mit der man ab einem gewissen Abstraktionsgrad nie falsch liegt, aber ein Argument repetiert, das sich vor allem selbst recht gibt. Kunstkritiker hatten bislang das Monopol, Kommerzialisierung, Nivellierung und Standardisierung der zeitgenössischen Kunst zu monieren, und das seit fast zwei Jahrhunderten. Manch einer von ihnen hat darauf ein Lebenswerk gründen können. Sollte es also Mode werden, daß Galeristen medienwirksam beklagen, was sie zuvor angerichtet haben, müßte der Kunstkritiker-Verband unverzüglich Klage wegen unlauteren Wettbewerbs anstrengen.

Schanghai. Eine weitere Erkenntnis wurde mit dem Nachschub geliefert: Es dominierte eindeutig die Import-Ware, und darunter die aus den USA wieder mit dem prominentesten Anteil. Das war für den Marktstandort Köln eigentlich nichts Neues und doch überraschend. Anfang der achtziger Jahre hatte man hier auf den Export der einheimischen Künstler setzen und selbst dritt- und viertrangige Deutschmeister an New Yorker Geschäftspartner und an Privatsammler bis ins tiefste Texas weitervermitteln können. Aber der Wind hat sich gedreht und bringt nun, wie schon in den sechziger und siebziger Jahren, wieder reichlich amerikanische Ware an den Rhein. Endet hier also das schöne Märchen vom unverwechselbaren und waschechten Lokalcharakter des Marktstandortes Köln? Hat nicht jeder lokalpatriotisch unvorbelastete Leser ohnehin schon seine Zweifel gehegt, ob man aus den hinreichend belegbaren historischen und den immerhin glaubwürdigen lokalspezifischen Umständen tatsächlich Entwicklungen der modernen Welt erklären kann, die bekanntermaßen nicht mehr lokale, sondern übergreifende und abstrakte, in der Regel internationale, nämlich solche des Marktes sind? In der Tat ist für Kölns Rolle als Einfallstor der nordamerikanischen Kunst das abfällige Wort vom „Schanghai Deutschlands" geprägt worden. Aber gerade die westliche Orientierung Kölns ist eine typische und historisch erprobte Symbiose aus Lokalkolorit und Internationalismus, und zwar schon seit der kapriziösen Sonderstellung, welche die Stadt in der mittelalterlichen Hanse einnahm.[6] So war es auch kein Zufall, daß schon die allererste Ausstellung des hiesigen Kunstvereins 1839 neben deutschen auch belgische, britische, dänische, italienische und holländische Künstler zeigte – völlig untypisch für die regional bornierten Kunstvereine der damaligen Zeit, aber eben typisch für Köln.[7] Natürlich war nicht der katholische Internationalismus verantwortlich für die Marktökumene, schon eher die günstigen Verkehrswege, der traditionelle des Rheines und der neue der Eisenbahn. Die Ausstellungspolitik Kölns ist diesem Internationalismus über eine so herausragende Station der Moderne wie der „Sonderbund"-Ausstellung (1912) bis hin zu „Westkunst" (1981) und „Europa/Amerika" (1986) treu geblieben. Womöglich konnte Köln gerade deswegen die Metropole des westdeutschen Nachkriegs-Kunsthandels werden, weil die im Deutschland des 20. Jahrhunderts noch lange unpopuläre Einsicht, daß auch Kunstmärkte zur Internationalität tendieren, hier schon zu Beginn des 19. Jahrhunderts Fuß gefaßt hatte, als andere deutsche Städte sich erst langsam an den Wegfall der binnendeutschen Zollschranken gewöhnten. Diese Tradition hat die Nachkriegskarriere Kölns als Kunsthandels-Zentrum so erleichtert, daß Konkurrenz-Städte bis heute das Nachsehen haben. Sie grundiert die Melange aus Kunst und Kommerz, Kennerschaft und Kulturvoyeurismus, Hingabe und Zynismus, Eitelkeit und

Jovialität, die Paul Maenz hier jahrelang vermischen half, um schließlich seine Chips einzulösen.

Er war ohnehin nie ganz zu Hause hier, wo es zum Klüngel gehört, daß man bestimmte Spielregeln klaglos einhält. Viermal hat er den nach New York abgewanderten Kölner Künstler Hans Haacke ausgestellt: 1974 mit einer Werkgruppe, die für eine Ausstellung in der Kölner Kunsthalle bestellt, dann aber von einer knappen Mehrheit der Verantwortlichen abgelehnt worden war; zuletzt, 1981, mit Texttafeln, die den damals noch alles überstrahlenden Sammler und Stifter Peter Ludwig als „Pralinenmeister" hart angingen. Das war, in der Höhle des Löwen, dessen Kopf sich selbst der große ortsansässige Kunstbuchverlag gründlich zerbrach, bevor er etwas möglicherweise Abträgliches druckte, durchaus tapfer und ungewöhnlich. Im Nachhinein sieht man freilich in der Konfrontation auch die Koinzidenz: Ein Kölner Künstler, der in New York lebt, portraitierte einen rheinischen Agenten des Internationalismus, der noch überwiegend westlich, doch auf umstrittene Weise auch schon im Osten engagiert war, in Köln, also vor Ort – diese Stadt ist, wie jeder Marktstandort, eben ein weites Feld.

Standort-Konkurrenz. Marktstandorte haben eine mindestens ebenso präzise und bedeutsame Geschichte wie die Waren, die sie umschlagen, und das gilt auch für den Kunstmarkt. Versucht man, die beispiellose merkantile Popularisierung aktueller Kunst zu rekonstruieren, die sich in Köln in den letzten zwanzig Jahren abgespielt hat, so ist zunächst der Galerist und langjährige documenta-Berater Hein Stünke zu nennen, der mit seiner Galerie „Der Spiegel" in der Nachkriegszeit die heutige Vorrangstellung Kölns begründen half. Mit seiner Option für die rheinische Sammlertradition bewies er ein besseres Gespür als Konkurrenten, die etwa in Essen einen günstigen Standort ausgemacht hatten, um moderne Kunst mit dem im Ruhrgebiet erwirtschafteten Reichtum zu fusionieren: Otto van de Loo und Karl-Ernst Jöllenbeck verließen die Folkwang-Stadt bald wieder und auch Rudolf Zwirner folgte seinem Mentor Stünke schließlich in die Domstadt, wo beide 1967 mit der Gründung einer Messe für zeitgenössische Kunst die zweite Zündstufe der Kunstvermarktung entfachten. Die Folgen dieser Messegründung sind nicht allein anhand der Nachahmungen in aller Welt zu konstatieren, sondern auch vor Ort: In den profanen Messehallen wurden Schwellenängste des bürgerlichen und kleinbürgerlichen Publikums vor der modernen Kunst rascher abgebaut als in irgendeiner museumspädagogisch bemühten Kunstsammlung; der lokale Kunstmarkt rekrutierte seine Endabnehmer mitsamt ihrer Zaungäste durch eine unerschrockene Merkantilisierung seines Ambientes, die es erlaubte, Kunst in die gängige Münze der Wahrnehmung zu übersetzen, in die des Konsumguts.

Düsseldorf, neben Essen der traditionelle Luxuswaren-Markt für die im Ruhrgebiet erwirtschafteten Gewinne, hatte die zweite Zündstufe verpaßt und konnte in der Rivalität um den Rang der rheinischen Kunstmetropole auch mit einer kurzlebigen Gegen-Kunstmesse keine entscheidenden Punkte mehr machen. Man hatte sich in der einstigen Residenz zu lange auf den unbestrittenen Rang der Kunstakademie und die „Kunstsammlung Nordrhein-Westfalen" verlassen, auf das Kunstmuseum und den Kunstverein, die Galeristen Alfred Schmela und Jean-Pierre Wilhelm, und nun gab es das Nachsehen. Zwar war Düsseldorf ebenso wie Köln ein westlich orientierter Marktstandort, doch war es lange an der Kunstbörse Paris orientiert, deren Niedergang in den sechziger Jahren Köln mit seiner unsentimentalen Umorientierung an der neuen Börse New York beschleunigte.

Köln nahm aber nicht nur die Vorrangstellung in der Vermarktung aktueller Kunst ein, auch sein Ruf als Museumsstadt wuchs: Die Pop-Art-Kollektion von Peter Ludwig ließ das Ansehen der ohnehin umstrittenen Sammlungstätigkeit in Düsseldorf verblassen, Köln wurde zum internationalen Zentrum moderner Kunst, wo Anfang der siebziger Jahre mit „Jetzt" und „Kunst bleibt Kunst" auch große aktuelle Bestandsaufnahmen in der Kunsthalle stattfanden.

Im Hintergrund zog ein Mann die Fäden der Kölner Standort-Karriere, ohne den Köln vermutlich manche Chance verpaßt hätte, der Kulturdezernent Kurt Hackenberg, dem Georg Jappe und der Kölnische Kunstverein in einem kleinen und feinen

Buch mit dem bezeichnenden Titel „Der Traum von der Metropole“ ein Denkmal gesetzt haben.[8] Hackenberg hatte offenbar die Bedeutung des Handels für die Popularisierung von Kunst erkannt und war – untypisch für die sechziger Jahre, aber typisch für Köln – nicht davor zurückgeschreckt, sie kulturpolitisch zu flankieren. In wenigen Jahren zog es Galeristen aus München, Münster, Frankfurt, Stuttgart, Kassel oder Hamburg nach Köln, der breite Zuzug von Künstlern machte den Ruf der Kunststadt schließlich perfekt.

Die Düsseldorfer hatten der Konkurrenzstadt rheinaufwärts eine solche Karriere nie zugetraut und daher auch kaum Vorkehrungen getroffen. Die elegante und hochnäsige Modestadt hatte im Kölner Stallgeruch stets stilsicher das Vulgäre und Aufdringliche, das Drastische und Draufgängerische isoliert, das zu keiner Kunstmetropole paßt. Aber genau dieser spürbare Einschlag ist es, der Köln für viele Künstler bewohnbar macht, die der Landeshauptstadt ihre Mischung aus Angestelltenkultur und Konfektionschic verübeln, ihre Liebe zur glattpolierten Oberfläche, das ewige Spiegel-Stadium. So verlor Düsseldorf eine Ende der fünfziger, Anfang der sechziger Jahre glanzvoll behauptete Vorrangstellung als Kunstmarkt-Standort an Köln.[9] Das schien zunächst keine Katastrophe zu sein, denn niemand konnte damals vorhersehen, welche Wirkung der spätere Kunstboom für das Ansehen und Image von Städten entwickeln sollte. Lange ist es den Düsseldorfer Galeristen aber ein Ärgernis geblieben, daß sich manche der zuständigen Vertreter in Politik und Verwaltung den Ansehensverlust nicht einmal eingestehen wollten.

Ihre Nachlässigkeit war um so unverständlicher, als andere Städte sich bei der kulturpolitischen Aufrüstung sehr darum bemühten, auch und gerade den Galeristen ihre Standortqualitäten schmackhaft zu machen. Am Beispiel Kölns war zu studieren gewesen, daß kunstpolitischer Ehrgeiz mehr auszurichten vermag, wenn man die ungeliebte Koalition mit dem kommerziellen Treibsatz der Galerien einzugehen bereit ist. Diese Lehre versuchte man in Frankfurt am Main in die Tat umzusetzen, allerdings ohne Köln, wie erhofft, schnell den Rang ablaufen zu können. Es ist schließlich nicht nur Geld allein, aus dem Märkte gemacht werden.

In Frankfurt war die Bilderliebe in der Moderne paradoxerweise maßgeblich eine jüdische, also auf ihre Weise auch eine kosmopolitische. Sie ist mit der Vertreibung und Vernichtung der Juden nicht erloschen, aber mitten im Reichtum der Spekulationsmetropole um ihre wichtigste lokale Tradition verarmt. Zwar hatten mit der „Frankfurter Schule" die Vertreter eines spekulativen Denkens am Main sich angesiedelt – während Köln zur Heimat der sozialwissenschaftlichen Empirie und Marktforschung wurde – und eine lange Jahre kanonische Ästhetik zuwege gebracht, der am Rhein nichts an die Seite zu stellen war. Doch blieb die bürgerliche Kultur Frankfurts unberührt von dieser lokalen Anstrengung des Begriffs, der allerdings auch das Bildhafte suspekt war, die Ware erst recht, und die daher stattdessen die Studentenrevolte inspirierte. Oder ist es ein spätes Echo der Warenschelte Adornos, daß man bei der kulturellen Aufrüstung am Main sich zunächst auf die Museen, die respektablen *faits accomplis* der Kultur konzentrierte, bevor man sich daran machte, den Kunstmarkt zu düngen? Oder ging es darum, erst die nötige Infrastruktur zu schaffen, die ein Kunstmarktstandort braucht und Frankfurt um so mehr, als es der Stadt auch an einschlägig geprägtem Umland fehlt?[10]

Köln profitiert jedenfalls recht gut von der Museums- und Marktdichte seines Umfeldes, ob es sich nun um Düsseldorf, Bonn, Krefeld, Wuppertal oder das Ruhrgebiet handelt: Konkurrenz belebt auch die Geschäfte der Kultur. Der Kunstmarkt setzt eine solche Kulturlandschaft voraus wie der Automarkt Fahrschulen und Straßennetze. Gerade der Kunstmarkt ist noch nicht so abstrakt geworden, daß seine Standorte zu lokalen Anekdoten verblassen würden, die für sein Funktionieren unerheblich wären. Es gibt daher nur eine Stadt, die der Rheinmetropole des Internationalismus und der Spekulation den Rang des deutschen Kunsthandelszentrums ablaufen könnte, nämlich das wiedervereinigte Berlin. In den neunziger Jahren wird sich zeigen, ob die einstige europäische Mittlerfunktion Berlins auch für den Kunsthandel wiederbelebt werden kann. Vermutlich muß sie nach all den Jahren der Sperre, fast sechzig insgesamt, neu erfunden werden. Geld wird hier jedenfalls genug verdient werden können von dem Schlage, wie es bevorzugt in Kunst angelegt wird, verschwiegen und spektakulär zugleich. Und der ausstellungs- und festivalvertraute Kulturbetrieb stellt die passende lokale Infrastruktur für den Markt.

In Köln wußte man anfangs nicht so recht, was von dieser Konkurrenz zu halten war. Ebensowenig wie Paul Maenz einst seine Ankündigung wahrgemacht hatte, den Lockrufen aus Frankfurt zu folgen, hat Rudolf Zwirner tatsächlich eine Galerie in Berlin eröffnet. Der in Braunschweig aufgewachsene Berliner, vielleicht der Repräsentant des Kölner Kunsthändlers schlechthin, schätzte die Zeit, die Berlin bis zur Durchsetzung als internationaler Marktstandort brauchen würde, auf rund zehn Jahre. Diese Zeit bleibt den Kölnern, ihre rheinbündischen Vorkehrungen gegen die preußische Hauptstadt zu treffen. Ihre Chancen bleiben an den Westen gebunden, wie die der Spree-Metropole in der Integration des Ostens liegen; Köln sträubt sich gegen die neuen Brüder und Schwestern aus dem Osten und verstärkte daher seine Bindungen an den amerikanischen Markt.

Die Austauschgemeinschaften, die sich zwischen Kölner und New Yorker Galerien ergeben haben, dehnten sich im Zuge dieser Entwicklung auch an die Westküste aus. Max Hetzler, der nach seinem Zuzug aus Stuttgart in nur sieben Jahren zu einer der prägenden Figuren der Kölner Händler-Szene wurde und die graue Eminenz der Köln-Show war, hatte im Zusammenschluß mit zwei New Yorker Händlern und in einer gemeinsamen Niederlassung in Los Angeles die transatlantische Verknüpfung in einer Form wiederaufleben lassen, wie sie seit dem Austritt des Düsseldorfers Konrad Fischer aus der Allianz mit dem Italiener Enzo Sperone und der Amerikanerin Angela Westwater nur noch Michael Werner kurzfristig mit Mary Boone demonstriert hatte.

Diese Veränderungen des Marktes waren mit dafür verantwortlich, daß nordamerikanische Kunst – auch wieder von der Westküste, die lange ausgespart blieb – in der Köln-Show in einem Ausmaß vorgestellt wurde, als sei sie überall verständlich, als gebe es keine lokalen, regionalen und nationalen Unterschiede mehr, aus denen vor hundert, ja, noch vor vierzig Jahren die Kunst entscheidende Differenzierungen und Polarisierungen bezog. Ist moderne Kunst inzwischen tatsächlich so herkunfts- und standortneutral, daß sie überall gleich wertvoll sein kann, egal, ob in Tokio, in Los Angeles oder in Köln? Überrascht sie uns nach all den nationalistischen Geburtswehen der Moderne nun mit einer echt postmodernen Internationalität? Und wie wäre diese zu verstehen, als Bedeutungsgewinn oder als Uniformität? Hat sich nun Haftmanns frühes Wort von der „Kunst als Weltsprache" endlich bewahrheitet, auch wenn es auf eine andere, nämlich die abstrakte, gemünzt war, oder handelt es sich nur um die Totem-Fetische des „globalen Dorfes" der Kunstkenner, das Tom Wolfe 1975 in seinem Buch „Das gemalte Wort" auf rund 10000 Einwohner schätzte? Kehrt auf dem Kunstmarkt ein „Internationaler Stil" ein, wie ihn die Architektur gerade leichten Herzens verabschiedet hat? „The Köln Show", scheinbar so simpel benannt, hatte ihren zweisprachigen Hintersinn, es war ein babylonisches Esperanto, das man am Rhein vernahm.

Schwarzmarkt der Eitelkeiten

Der Kunstbetrieb im Kriminalroman

Die bildende Kunst war der schönen Literatur einst ein vertrauter Gegenstand, gab es doch Zeiten, als Romanfiguren und Novellenhelden sich im Umgang mit Kunst heranbildeten und in ästhetischer Reflexion profilierten. Die epochale, nämlich romantische Blütezeit dieser Thematik ist jedoch lange vorbei. Zwar entwickelte sich später der Typus des Künstlerromans, der bis in unser Jahrhundert hinein überlebte, aber er wechselte unter der Hand die Bezugskunst. Denn es waren Musiker, mit denen Thomas Mann, der letzte bürgerliche Repräsentant dieser Thematik, seinen „Tod in Venedig" oder den „Doktor Faustus" besetzte.

Die bildende Kunst hat ihren Rang als Bezugsgröße des Bildungsromans längst eingebüßt, und anachronistisch oder beflissen müßte es wirken, wollte heute ein Romanautor seine Figuren in die Auseinandersetzung mit zeitgenössischen Kunstwerken treiben. Zu wenig ist beiden Gattungen nach den Experimenten der Moderne noch an Gemeinsamkeiten geblieben. Während neuerdings auf den Schutzumschlägen von Romanen und Novellen Kunstwerke in großer Zahl als Blickfänger verschlissen werden – bisweilen sogar in einer Saison dasselbe Werk auf durchaus verschiedenen Büchern –, hat die Literatur zwischen den Buchdeckeln kaum noch mit der bildenden Kunst zu tun. Sofern Kunst im zeitgenössischen Roman noch auftaucht, dann vorwiegend im Rahmen von in die Handlung eingestreuten Museumsbesuchen.[1] Ein solches Fazit mag Ausnahmen kennen – Bettina Blumenbergs *Verführung* (1985) etwa, oder *Die Frau und das Bild* (1977) von Pierrette Fleutiaux, ein Roman, in dem der Erwerb eines Bildes zuerst die Wohnung der Käuferin durcheinanderbringt und schließlich ihr Leben ruiniert –, grundsätzlich würde man ihm jedoch kaum widersprechen können.[2] Und doch ist es falsch. Denn im Rahmen des Booms, den die Kunst auf ihren eigenen Märkten sowie in der politischen und wirtschaftlichen Öffentlichkeitsarbeit erlebt, hat sie auch eine neue literarische Attraktivität gewonnen. Zwar ist weder eine Renaissance des Künstlerromans anzuzeigen noch eine Rückkehr der Kunst in den Bildungsroman. Doch hat der Kriminalroman sich in den beiden letzten Jahrzehnten des Kunstbetriebs bemächtigt, sowie jene Gattung der spannenden Unterhaltungsliteratur, die in Ermangelung einer deutschen Bezeichnung als *thriller* firmiert.

Beweisaufnahme. Zu den ersten – und besten – Kriminalromanen, die im Milieu der Kunst angesiedelt worden sind, zählt Patricia Highsmiths 1970 erschienenes Buch *Ripley Under Ground.* Das überrascht wenig, bedenkt man, daß die ausgefuchste Verfasserin beklemmender Charakterstudien auch Malerin ist. Doch hat sie den Kunstbetrieb keineswegs für den Kriminalroman entdeckt. Dieses Verdienst dürfte Margery Allingham zukommen, die mit *Wenn Geister sterben* schon 1934 einen *whodunnit* vorgelegt hat, der thematisch mit dem Roman der Highsmith übrigens eng verwandt ist. Ein Jahr nach Margery Allinghams Buch erschien dann Erich Kästners amüsante Kriminalgeschichte *Die verschwundene Miniatur* – beide Bücher lassen übrigens nicht erahnen, daß der Kriminalroman wenige Jahre zuvor durch Dashiell Hammett neue Konturen und eine neue Bedeutung erhalten hatte. Auch Agatha Christie hat die Kunst nicht ausgelassen, wenngleich ihr Roman *Das unvollendete Bildnis* nicht im Kunstbetrieb angesiedelt ist, sondern das intime Thema „Maler und Modell" kriminalisiert.

In den siebziger Jahren wählte dann Ken Follett die Kunstszene zum Schauplatz seines Romans *Der Modigliani-Skandal,* in den achtziger Jahren entdeckte ein anderer Routinier der Spannung, Morris West, den Kunstmarkt *(Das Meisterwerk),* und mit Thomas Hoving mischte sich sogar ein veritabler Museumsdirektor in das Genre ein *(Marchesa).*

Auch hochkarätige Schriftsteller haben sich der Thematik angenommen: Bruce Chatwin hat mit seinem Roman *Utz* eine zauberhafte und durchtriebene Studie über die „Psychopathologie des zwanghaften Sammlers" hinterlassen, William Boyd in *Stars und Bars* die texanischen Abenteuer eines New Yorker Auktionators geschildert, Georges Perec *Ein Kunstkabinett* als subtiles Vexierspiel aus Fälschung und unendlicher Spiegelung angelegt.

Auch der Film hat in diesen Jahren den Kunstbetrieb entdeckt, etwa in *Wallstreet* oder *The Moderns.* Die recht kunstlosen Erzählungen von Tama Janowitz, nach denen der gleichnamige Film *Großstadtsklaven* gedreht worden ist, pointieren, was das Publikum als Kehrseite des Kunstbetriebs gerne ignoriert, was aber für die Beteiligten dessen Alltag ausmacht: höchst unsentimentale Spekulation, die Zersetzung persönlicher Beziehungen durch geschäftliche Abhängigkeiten und eine schleichende Selbstzerstörung des Künstlers als moderner Preis der Inspiration.

Unreiner Stoff. Das Kunstmilieu ist allerdings für die gattungsgerechte Bearbeitung nach den Regeln des Kriminalromans nicht sehr geeignet. Die Ingredienzen des Kriminalromans – das halbseidene Milieu, der skrupellose Mörder, der hartgesottene Detektiv und seine schmerzhafte Suche nach Wahrheit –, sie passen nicht recht auf den Tummelplatz der Reichen und Neureichen. Was hier an Halbseidenem abläuft, würde ein forscher Junge mit einem Drei-Tage-Bart und einer Beule in der Jacke auch am allerwenigsten mitkriegen, denn der Betrieb zehrt von seiner Intimität. Es sind nur seine zahlungskräftigen Mitglieder, die zählen, und die erkennen sich notfalls auch dann noch am Geruch, wenn sie sich nicht gut riechen können.

So sind es auch nicht immer gattungsreine Kriminalromane, in denen neuerdings der Kunstbetrieb geschildert oder kolportiert wird. Vielmehr ist es eine bunte Mischung, sowohl hinsichtlich der Qualität wie der Gattungsfeinheiten. Die Helden dieser Romane sind Museumsangestellte oder Diebe, Kunsthistorikerinnen oder Fälscher, Karrieristinnen oder Betrüger. Sie geraten in undurchsichtige Machenschaften eines kaum überschaubaren Kunstmarktes, müssen sich unter erschwerten Umständen als Connaisseure beweisen, gelangen mehr oder weniger legal in den

Besitz verschollener Meisterwerke, fingieren Künstlerkarrieren oder verhindern eine Nachlaßveruntreuung und legen allesamt Zeugnis davon ab, daß man es im Geschäft mit der Kunst nur selten mit den edleren Anlagen des Menschen zu tun bekommt. Es sind Elemente sowohl des Kriminalromans wie des *thrillers,* von Bildungsroman und Satire, von Gesellschaftsroman und Kolportage, die sich hier vermischen; *sex and crime* werden mit unterschiedlichem Geschick und Geschmack verquickt, der Intellektuelle taucht mal als tragikomische Figur, mal als gerissener Glückspilz auf, Händler als *gentlemen* oder skrupellose Zocker: Das Milieu erscheint gerade dort am schillerndsten, wo unverkennbar die Klischees blühen. Denn nicht alle der Romane belegen, daß ihre Autoren sowohl etwas vom Handwerk des Schreibens als auch vom Milieu der Kunst verstehen. Häufig vermißt man das eine oder das andere, manchmal auch beides.

Original und Fälschung. Ein notorisches Motiv der Kriminalromane, in denen die Kunst eine Rolle spielt, ist das der Fälschung. In der Auseinandersetzung mit Fälschungen hat die Kunstwissenschaft ja seit ihren Anfängen eine engere Verbindung zur Kriminalistik gehalten als jede andere Disziplin, mit Ausnahme von Physik und Chemie. Die Wissenschaft ist zwar die wirksamste Waffe, welche die Geschichte gegen die ewige Wiederkehr der Fälschung aufgefahren hat, aber in dem Maße, wie dieses Korrektiv an Umfang und Bedeutung gewonnen hat, scheint auch die Zahl der Fälschungen zugenommmen zu haben.

Diesen Eindruck muß nicht nur haben, wer Wolfgang Hildesheimers selbstzufriedene Geständnisse liest *(Paradies der falschen Vögel),* sondern vor allem, wer sich auf Patricia Highsmiths sympathischen Helden, den skrupellosen, aber kultivierten Tom Ripley einläßt. Dieser steckt in *Ripley Under Ground* mit der Londoner Galerie „Buckmaster" – was für ein Name! – unter einer Decke, die seit Jahren „neue" Werke eines Malers verkauft, der in Wirklichkeit schon lange tot ist. Ein mißtrauischer Sammler kommt dem Betrug auf die Spur und wird, bevor er Schaden anrichten kann, von Ripley, der wie immer straflos ausgeht, amateurhaft umgebracht.

Diese Kriminalgeschichte kann zu Recht als eine der besten der ohnehin erstrangigen Patricia Highsmith gelten, auch wenn ihre Verankerung im Kunstmilieu eher zwiespältig ist. Denn es wird nicht ganz plausibel, wie sich der Tod eines berühmten Malers sechs Jahre lang mit der Legende verheimlichen lassen sollte, er sei an einen geheimen Ort in Mexiko gezogen, um niemanden mehr bei sich vorzulassen. Diese Mystifikation, die explizit an B. Travens Schicksal anknüpft, kann im publicitysüchtigen Kunstbetrieb kaum verfangen, wo das Imagemarketing des Künstlers eine viel größere Rolle bei der Verwertung seiner Werke spielt als auf dem Buchmarkt: Die Floskel „Der Künstler ist anwesend" schmückt nicht umsonst bis heute die Galerie-Einladungen; sie skandiert das Gesetz, dem sich schließlich auch Tom Ripley zu beugen hat, indem er einen Auftritt des Toten fingiert, auch den nicht recht überzeugend. Ein unsichtbares Genie ist auf dem Markt der Visualien nicht glaubwürdig, am allerwenigsten eines, dessen Gemälde „zu den höchstbezahlten irgendeines lebenden Künstlers" auf der ganzen Welt gehören sollen, und unter dessen Namen sowohl eine angesehene private Malschule in Perugia wie auch ein florierender Industriebetrieb für Malutensilien firmieren. So leidet der *plot* an der Hypothek einer gewissen Unwahrscheinlichkeit, die auch den kulissenhaft wirkenden Galeriebetrieb und die Suggestion einer einflußreichen, aber leicht verführbaren Fachpresse ankränkelt. Das Milieu und seine kriminelle Potenz ist nicht gut getroffen, nicht einmal, wenn man die eingestreute Entschuldigung akzeptieren wollte, daß solche Geschichten eben nur in England, also einer Provinz des Marktes für moderne Kunst, passieren könnten. Denn gerade dort geschah in dem Jahr, als *Ripley Under Ground* erschien – und zwar in der Nähe der Adresse, die für die Galerie „Buckmaster" gilt –, eine viel härtere und milieutypischere Geschichte, die aber erst Jahre später die Öffentlichkeit beschäftigen sollte: die internationale Veruntreuung des Nachlasses von Mark Rothko, der im gleichen Jahr tot aufgefunden worden war und seinen Nachlaß erklärtermaßen in eine Stiftung hatte umwandeln wollen. Diese Affäre hat Lee Seldes im Untertitel ihres Buches *The Legacy of Mark Rothko* wohl zu Recht als den „größten Kunstskandal unseres Jahrhunderts" bezeichnet. Er stellt in seiner unerhörten kommerziellen Normalität die gleichzeitige kriminelle Fiktion der Highsmith in den Schatten. Überhaupt darf man den Verdacht haben, daß die Wirklichkeit auch, was den Kunsthandel angeht, den kühnsten Visionen der Literatur weit überlegen ist, nur daß wir ohne die Literatur kaum einen Begriff von ihr hätten.[3]

Die Tragödie des Fälschers. Wenn der Roman der Highsmith das Milieu auch kaum trifft, so hat er doch keineswegs sein Thema verfehlt, denn sein eigentliches Motiv ist die Identität des Fälschers. *Ripley Under Ground* ist ein subtiler und erst auf den zweiten Blick großartiger Roman über Persönlichkeitsspaltung unter dem Diktat des Marktes. Gehören normalerweise schon zwei Personen dazu, einen Fälscher zu lancieren, nämlich der Handwerker, der die Werke, und der Händler, der den Markt schafft, so vervielfacht die Highsmith das Problem. Ripley, von dem die Idee stammt, und das Personal der Galerie „Buckmaster“ leben prächtig von den Fälschungen, die Bernard Tufts, ein glühender Verehrer des toten Malers Derwatt, seit Jahren liefert. Es ist der Fälscher, der an dem diskret erarbeiteten, millionenschweren Erfolg leidet, und zwar nicht, wie man erwarten könnte, weil er dabei sein eigenes Talent und seinen eigenen Namen verleugnen muß. Vielmehr findet er zwischen der Bewunderung für sein Idol, den kompromißlosen und unbestechlichen Maler Derwatt, und seiner eigenen korrupten Existenz keine Identität mehr und spaltet sich in zwei Personen. In ihm lebt der tote Maler tatsächlich weiter – was die Personalplanung des Coups natürlich kompliziert. Die Persönlichkeitsspaltung des Fälschers wird durch die Bravour befördert, mit der er Derwatts Werk nicht nur fortsetzt, sondern in dessen Sinne weiterentwickelt – wofür ihm Tom Ripley die Bewunderung nicht versagt: „Was ein Künstler schafft, geschieht ganz natürlich und mühelos. Eine stärkere Macht führt ihm die Hand. Ein Fälscher dagegen muß Mühe aufwenden, er strengt sich an, und wenn ihm die Arbeit gelingt, so ist das ein echter Erfolg“. Aber Tufts zerbricht schließlich unter seinen Skrupeln und wird von Ripley raffiniert in den Selbstmord getrieben, um ein öffentliches Geständnis zu verhindern.

Es ist das romantische Doppelgänger-Motiv, das hier unter dem Vorzeichen des Kriminalromans aufgegriffen wird, unterlegt von einem weiteren, ebenfalls romantischen Motiv, nämlich der Idealisierung des Künstlers zum reinen Toren, der nicht kommerziell kalkuliert, sondern seine Entscheidung für die Kunst pathetisch als Absage an jede Krämer-Mentalität versteht. Tufts wird um so leichter ein Opfer der Ökonomie, wie er sie im Fahrwasser Derwatts verabscheut. Es gelingt ihm dafür, die gefährdete Subjektivität des Fälschers seinen Imitaten einzuschreiben, denn die Kritik attestiert ihnen, daß sie „krank und deprimiert“ und „voller Idiosynkrasien, vielleicht sogar abnorm“ wirken, aber auch „von Wehen der Liebe“ zeugen – ein Fälscher mit eigenem Ausdruck! Es sind einige glänzende Facetten, die Patricia Highsmith diesem Thema abgewinnt, das mancher andere Autor für erschöpft gehalten hätte: Der kommerzielle Aspekt des Fälschens wird als individuelles Drama in die Figur hineinverlegt, die gespaltene Persönlichkeit erscheint als Mikrogramm der Marktverhältnisse, unter denen Kunst produziert wird, als der seltene Fall einer gleichsam objektiven Schizophrenie. Das ist eine bestechende Idee, und die Klischees vom reinen Künstlertum, welche die Highsmith ihre Figuren aus Tagebücher heraus- oder in Bilder hineinlesen läßt, tun ihr keinen Abbruch. Es handelt sich um Substrate der romantischen Ästhetik, die im Kontrast zur kruden Wirklichkeit des Marktes gezielt trivialisiert werden und keineswegs als Bekenntnisse der Autorin gelesen werden wollen. Denn deren Sympathien sind deutlich auf Seiten des realitätstüchtigen, eben kriminellen Ripley. In der Hilflosigkeit, mit welcher sie den Fälscher scheitern läßt, ist die Distanzierung zu erblicken, in der das romantische Motiv vom unkommerziellen Künstler heute nur noch angeführt werden kann. In *Ripley Under Ground* wird das Klischee vom naiven Enthusiasmus im Kontrast zu raffinierten Profitinteressen mit großem Verständnis, aber unnachgiebig ad absurdum geführt.

Kunstraub. Neben dem Fälscher ist der Dieb eine typische Figur, in der sich Kunst und Kriminalroman verbinden lassen. Auch dieses Motiv steht unter Verdacht, abgedroschen zu sein. In der

Tat dürfte der Kunstdiebstahl das am häufigsten verfilmte Motiv im Grenzbereich von Kunst und Kriminalität sein, wenn auch selten so gelungen wie im geradezu archetypischen Fall, nämlich der Verfilmung von Eric Amblers Roman *Topkapi* durch den Rififi-Regisseur Jules Dassin. Wie eine Bank erlaubt auch das Museum mit seinen hochempfindlichen Sicherheitseinrichtungen dem Film die Entfaltung einer unvergleichlichen Spannung. Darüber hinaus läßt sich im Museumsdiebstahl der Triumph des Marktes über seinen Gegenspieler feiern. Denn der Diebstahl verwandelt die Kulturgüter, die das Museum dem Markt entzogen hat, in Waren zurück, darin liegt sein symbolischer Vandalismus.

Wenn das Motiv des Museumsdiebstahls auch inzwischen abgenutzt erscheint, so gibt es doch Ausnahmen von der Regel, und eine solche ist der Roman *Der Mann, der die Mona Lisa stahl* von Martin Page. Seine souverän inszenierte und gut durchdachte Geschichte greift einen Diebstahl auf, der sich 1911 tatsächlich ereignet hat, sowie drei Personen, die damals gelebt haben, aber er mischt alle historischen Karten neu. Der Diebstahl der Mona Lisa war tatsächlich ein weltweit beachteter Skandal, und die Rückgabe des Bildes machte den Italiener, der sie aus Patriotismus gestohlen zu haben vorgab, 1913 zum Volkshelden. Die Futuristen mokierten sich hingegen über die allgemeine Mona-Lisa-Euphorie in Italien, die sogar darin Ausdruck fand, daß allen Ernstes ein Abführmittel nach der *Gioconda* benannt wurde. Das Aufsehen, das der Diebstahl erzeugte, und die irrationale Bedeutung, die dem Gemälde beigemessen wurde, konnten die düstersten Thesen der Futuristen über den „Passatismus" des bürgerlichen Kunstverstandes nur eindrucksvoll bestätigen.

Page interessiert sich nicht für diese kunsthistorische Kollision, sondern für die seiner drei Hauptfiguren. Es handelt sich John Pierpont Morgan, Inbegriff des ebenso innovativen wie brutalen New Yorker Gründerzeit-Kapitalismus der Jahrhundertwende – er wollte die Mona Lisa um jeden Preis besitzen und hatte der französischen Regierung einen Schuldennachlaß für seine enormen Kriegskredite im Tausch für das Bild versprochen, allerdings ohne Erfolg. Der ebenfalls historisch verbürgte Hochstapler und Meisterdieb Adam Worth erbietet sich nun, und das ist die tragende Idee des Romans, dem unglücklichen Millionär das Bild illegal zu beschaffen. Er muß dies unter den Augen der dritten historischen Figur tun, nämlich von Louis Lépine, der als Polizeipräfekt von Paris die Entwicklung der Kriminalistik durch die Einbeziehung der Psychologie geprägt hat. Aus der fiktiven Konfiguration dieser drei etwa gleichaltrigen Personen, die sich in Wirklichkeit wahrscheinlich nie begegnet sind, bezieht der turbulente und pointenreiche Roman seine Spannung. Es gelingt dem Dieb nicht nur auf abenteuerliche Weise, das Bild aus dem Louvre zu entwenden, er bringt auch noch die einzige Vergleichskopie des Louvre an sich, die er dann, leicht überarbeitet, dem Museum als das Original zurückgeben läßt. Seinem Sponsoren Morgan dreht er eine billige Kopie aus einem Souvenirladen an, für die er das Original eingetauscht hat, das nun unter 98 anderen Mona Lisas einem ungewissen Schicksal entgegenlächelt und zum Schluß als Hochzeitsgeschenk an der Wand eines völlig ahnungslosen Brautpaares landet. Die komödiantische und pfiffige Handlung erhält ihre letzte Pointe dadurch, daß es der Chef-Restaurator des Louvre ist, der die Vergleichskopie hergestellt hat und schließlich als Original ausgeben darf, womit Millionen von Bewunderern in die Irre geführt wären, während das junge Brautpaar, dem das Original geschenkt worden ist, nichts von dessen Aura ahnt – was für ein schöner Gedanke für einen Kriminalroman!

Bis heute sind übrigens die wahren Hintergründe dieses Diebstahls nicht aufgeklärt, und schon die Zeitgenossen hatten Grund, die Version vom Patriotismus eines italienischen Diebs zu bezweifeln.[4] Wer und was immer sich hinter dieser Legende verborgen haben mag, ist nicht bekannt. Pages Roman liefert nun eine fiktive Version des unbekannten wahren Geschehens, die perfekt zu allen Elementen der Legende paßt, und liefert damit eine Fiktion zweiten Grades, die sich trotz aller Reverenzen an das Genre recht plausibel anhört. Seine heitere Geschichtsfälschung paßt perfekt in die Leerstelle eines unaufgeklärten Kunstdiebstahls.

Organisierte Kriminalität. Einer höheren Stufe der Kriminalität, nämlich der organisierten, sind zwei Romane gewidmet, in denen die Schicksale von Kunstsammlungen verfolgt werden, Bruce Chatwins *Utz* und William Boyds *Stars und Bars.* Beide Bücher streifen den Kriminalroman eher, aber mit kapitalen Motiven: Die einzigartige Sammlung von Meißner Porzellan, die Kaspar Joachim Utz in Prag zusammengebracht und durch alle politischen Fährnisse der Nachkriegszeit bewahrt hatte, sie ist nach seinem Tod spurlos verschwunden. Hat das kommunistische Regime, das den Privatsammler als Fossil ansehen und behandeln mußte, schließlich doch abkassiert? Gestand es Utz zuvor schon seine Unabhängigkeit nur zu, um ihn mit anderen, enteigneten Sammlungen finstere Devisengeschäfte über Schweizer Konten abwickeln zu lassen, während er angeblich zur Kur nach Spa fuhr? Angesichts der Enthüllungen, die nach dem Bankrott der DDR über Sammlungsenteignungen und illegalen Kunstaußenhandel publik geworden sind, mußte man Chatwins zunächst manieristisch anmutende Spekulationen im Nachhinein für unvermutet realistisch halten, für diskrete Winke eines Branchenkenners.[5]

Auch die Geschichte, in die der fiktive Auktionator Henderson Dores in William Boyds *Stars and Bars* verwickelt wird, hat trotz aller grotesken Züge realitätsnahe Anklänge: Auf einer texanischen Farm, deren schrulliger Besitzer stirbt, bevor Dores das Auktionsaufgebot für dessen Impressionistensammlung perfekt machen kann, begegnen ihm zum ersten Mal seine beiden undurchsichtigen, aber gelassenen Konkurrenten. Sie überbieten locker jede Mindestgarantie des Auktionators und geben vor, eine Galerie auf der Lower East Side zu besitzen – eine Adresse, die dem feinen Auktionator Dores nur so lange amüsant vorkommt, bis er gezwungen wird, sie zu besuchen. Es sind die Vorhöfe der Organisierten Kriminalität, in die er verschlagen wird, und er merkt, daß ausbleibende Lieferungen dort mit dem Leben bezahlt werden. Die beiden Konkurrenten entpuppen sich nämlich als das, was der Leser in ihnen schon früh vermutet, als schließlich recht hektische Gangster, die nicht erklären, was sie mit den harmlosen Impressionisten eigentlich vorhaben, aber auch nicht den geringsten Zweifel daran aufkommen lassen, sie um jeden Preis in ihren Besitz bringen zu wollen. Es ist nicht die schlechteste Pointe von Boyds Roman, daß er ein vernünftiges Interesse der Organisierten Kriminalität an den Kunstwerken einfach voraussetzt, denn warum die beiden Mafiosi hinter der Sammlung her sind, darüber spekuliert der Roman nicht weiter; es ist in den letzten Jahren ohnehin genügend darüber spekuliert worden.[6]

Verschollene Meisterwerke. Während Chatwin und Boyd den Kunsthandel eher als Kulisse für travestierte und komprimierte Bildungsromane nutzen, sind die Romane von Follett, West und Hoving mitten auf seinen spektakulären Schauplätzen angesiedelt. Gemeinsam ist ihnen ihr *MacGuffin*, ihr Spannungsaufhänger: Es handelt sich jedesmal um unvermutet auftauchende Werke aus der Hand großer Meister, die das Spiel von Habgier, Konkurrenz, Geld und Betrug in Gang bringen. Morris West läßt in *Das Meisterwerk* einen jungen, eher weltfremden Kunsthistoriker im Archiv eines toskanischen Landsitzes zwei echte, bis dahin unbekannte Portraitgemälde Raffaels finden und bei lebendigem Leibe zu Geld machen. Zwei lange verschollene Gemälde von Velázquez, mit deren Auffinden niemand mehr gerechnet hätte, tauchen in Thomas Hovings *Marchesa* auf. Schließlich ist es in Ken Folletts' *Modigliani-Skandal* ein unorthodoxes Gemälde, das der Meister einst unter Drogeneinfluß angefertigt haben soll, dem das Interesse unterschiedlich motivierter Fahnder gilt. Außer mit durchweg spannenden Verwicklungen, die sich bei den Bemühungen ergeben, die Gemälde zu erwerben, zu behalten oder zu verkaufen, versorgen die drei Autoren den Leser noch mit den genreüblichen Liebesgeschichten, die alle paar Seiten funktionieren. Hinreißend ist keine der Romanzen, die mehr eingeflochten als geschildert werden, zu sehr stehen sie im Dienst, Verwicklungen zu begünstigen oder zu beschleunigen.

Neben den beiden Profis West und Follett schneidet der Amateur Hoving überraschend gut ab. Offenkundig profitiert der ehemalige Direktor des New Yorker Metropolitan Museum von der besseren Kenntnis des Terrains. Seine Charakterisierungen junger, dynamischer und geltungssüchtiger Kuratoren, die spektakuläre Kunstwerke als Karriere-Vehikel in ihre Museen holen wollen, sind relativ lebendig zwischen Klischee und Karikatur angesiedelt, wie auch die Personifikationen des alten und des neuen Geldes, mit denen die Aufsichtsräte der US-Museen gesegnet und ihre Direktoren häufig geschlagen sind. Hier scheinen, knapp verschlüsselt, einige alte Rechnungen beglichen worden zu sein. Auch hat der Kunsthistoriker Hoving die plausibelste Legende für die beiden Velázquez-Gemälde, und er konzentriert sich ebenso auf die gediegen inszenierten Machenschaften des Handels wie auf den schwierigen Nachweis der Echtheit. Denn wie in den beiden anderen Romanen auch, spielen neben den aufgetauchten Bildern Fälschungen eine Rolle – in den Methoden, die Originale herauszufinden, zeigt Hoving sich einfallsreich. Da es sich bei den Gemälden um Darstellungen einer Geliebten von Velázquez handelt, ist Hovings Liebesgeschichte auch etwas besser motiviert als die anderen. Sie führt schließlich die beiden mißtrauischen Konkurrenten zusammen, die als Vertreter ihrer Museen und ihrer Karriereinteressen ursprünglich gegeneinander hatten bieten wollen, und tröstet den Leser mit der Gewißheit, daß, wenn schon nicht mehr die Kunst, so doch immer noch die Liebe die Gegensätze versöhnen kann, und Bescheidenheit der wahre Ausweg aus dem Teufelskreis der Gier ist – Verkehrsregeln, die auch West empfiehlt.

Keiner der drei *thriller*-Autoren scheint dem kriminellen Potential des Kunstbetriebs genügend zuzutrauen, um sich nicht vorsichtshalber noch mit anderen Motiven abzusichern – Follett mit grellen erotischen Effekten, Morris mit einer abgelegenen Mordgeschichte und Hoving mit obskuren Geheimdienstgestalten. Das Genre hat eben seine Eigengesetzlichkeiten, die jedem Schauplatz unterlegt werden, gleichgültig, ob es sich um Spionage, Waffenschmuggel oder Kunsthandel dreht. Nicht jede genaue Charakterisierung muß sich daher auch einer genauen Beobachtung verdanken. Der *thriller* besitzt nämlich, wie die *commedia dell' arte,* nicht nur ein mehr oder weniger festes Personal, auch der Spielraum seiner *plots* ist eher begrenzt – anders wäre wohl kaum zu erklären, warum diese drei neueren Romane so viele Elemente gemeinsam haben.

Zynische Fürsorge. Ähnlich wie Hovings Roman spielt *The Golden Calves* von Louis Auchincloss unter Kuratoren und Aufsichtsratsmitgliedern eines New Yorker Museums. Mag dem deutschen Leser diese Welt, die der populäre Erfolgsautor Auchincloss als Präsident des New Yorker Stadtmuseums kennt, auf Anhieb kaum spannungsverdächtig erscheinen, so wird er hier eines besseren belehrt. Im Mittelpunkt des Romans steht nämlich der Versuch, einer betagten Sammlerin ihre Kollektion auf dem Nachlaßwege abzuschwatzen, um sie dann gegen alle Versprechungen aufzulösen und zugunsten eines Museumsanbaus zu verscherbeln. Neben dem Motiv der Geldgier taucht in Hovings und Auchincloss' Romanen das der Karriere mit einer offenbar für die USA typischen Plausibilität auf. Man lernt daraus: Wie den Händler das Kunstwerk nur als Garant des Profits interessiert, so die Kunsthistorikerinnen und Museumsmänner nur als Vehikel ihres beruflichen oder gesellschaftlichen Aufstiegs. Der Zynismus der hier vorgestellten Schlaumeier besteht vor allem darin, in ihren Handlungen jegliche Erinnerung an die vom Bürgertum gern postulierte Transzendenz des Kunstwerks vermissen zu lassen – sie dementieren die Werte ihrer eigenen Klasse.

Obwohl sich Hoving und Auchincloss redlich Mühe geben, diesen Zynismus funkeln zu lassen und dabei ihre Branchenkenntnisse, womöglich auch ihre Selbsterkenntnisse nutzen, werden sie von den abgebrühten Kommentaren deklassiert, mit denen Carlo Fruttero und Franco Lucentini eine Kunstagentin ihre Jagd auf Antiquitäten und Gemälde begleiten lassen *(Der Liebhaber ohne festen Wohnsitz).* Mit ihrem berühmten topographischen Gespür arrangieren sie die venezianische Liebesgeschichte um eine Gemäldeverwechslung: Um für ein wertvolles Bild eine Ausfuhrgenehmigung zu erwirken, wird ein wertloses vorgeschoben. Doch zum Schluß muß die Titelfigur, die Verkörperung des ewigen Juden, es illegal aus dem Hafen schleusen. Fruttero und Lucentini, die das seltene Geschick haben, Liebes-

und Kriminalmotive ohne Peinlichkeiten verschränken zu können, gehen auch mit der Kunst subtiler um, als es in vielen der anderen Romane der Fall ist. Am Beispiel Venedigs gehen sie wie nebenbei moderne Spielarten der Kunstrezeption exemplarisch durch, die übrigens auch in ihrer kurzen „Sommergeschichte" *Du bist so blaß* eine Rolle spielen. Ihr auf Turin zugeschnittener Roman *Die Sonntagsfrau* trägt der Hauptstadt der *arte povera* in den melancholischen Reflexionen eines Händlers alter Kunst Rechnung, der seine Kundschaft, auch die Fiat-Manager, abwandern sieht zur „internationalen Blech- und Kanisterkunst. Sie stellten oder legten sich – und zahlten Millionen Lire dafür – Zementrohre und Benzinkanister, kaputte Stühle und rostige Leitungshähne, Reisigbesen, Staubtücher und gelblackierte Schnuller ins Haus" – das ist pures Ressentiment, aber sozial präzise verortet.

Kombiniere. Welche Rückschlüsse kann man nun aus der Häufung von Kriminalromanen und *thriller* ziehen, die sich in den letzten Jahren der Kunst und ihres Marktes angenommen haben? Geben sie Auskunft darüber, wie Kunst heute in der Gesellschaft wahrgenommen wird? Oder überschätzt man die Koalition aus Kunst und Kriminalroman, wenn man solche Aufschlüsse erwartet? Eigentlich dürfte es doch niemanden wundern, daß in einer Zeit der Preisexplosionen und Auktionsrekorde der Kriminalroman sich dieses Marktes annimmt – die Konjunktur des Alkohols während der Prohibitionszeit war für die Gattung einst ja auch sehr förderlich gewesen, hat ihr sogar erst zum Durchbruch verholfen. Der Kriminalroman reagiert auf gesellschaftliche Schlüsselreize, die er dann verschlüsselt; so ist es nur einleuchtend, daß gegenwärtig Kunst auch für die kriminelle Phantasie herhalten muß und der Kunstbetrieb als Kulisse fungiert. Ohnehin ist er mit der Hypothek belastet, daß man ihn gerne als geistigen Drehort wählt, um in soziologischer Stenographie die Dekadenz der Bourgeoisie zu suggerieren. Jörg Fausers Romane *Der Schneemann* (1981) und *Kant* (1987) etwa streifen diese Tradition ebenso wie manche von Léo Malets Pariser Kriminalromanen aus den fünfziger Jahren.

Doch hätte man erwarten können, daß die Literarisierung des Kunstbetriebs Auskunft über die besondere Rolle der Kunst in der Marktwirtschaft geben würde, darüber nämlich, welche Qualität von Kunst es denn eigentlich ist, die Mord und Totschlag literarisch rechtfertigen kann – schließlich läßt sich trotz ebenfalls explodierender Vorschußzahlungen und härter werdender Absatzkämpfe in der Buchbranche kein vergleichbarer Boom von Kriminalromanen über den Buchmarkt verzeichnen. Aber die Frage nach dem besonderen Wert der Kunst bleibt im *thriller* unbeantwortet, zu offensichtlich ist es meist nur der hohe Tauschwert, um dessentwillen Kunst auftaucht – welcher herausragende Gebrauchswert den exorbitanten Tauschwert überhaupt noch rechtfertigen kann, diese Frage beantwortet der Kriminalroman nicht, die Ästhetik hat sie ja auch aus den Augen verloren.

In den Kriminalromanen ersetzt allenfalls ein weihevolles Raunen die Bewertung der Kunstwerke, für die gemordet, gestohlen oder erpreßt wird. Zumeist aber wird ihre Wertschätzung einfach vorausgesetzt: Der Dieb und der Mörder schenken ebenso bewußtlos der gesellschaftlichen Hochschätzung der Kunst Glauben wie die glücklichen Finder verschollener Meisterwerke. Ihr Treiben können sie nicht erklären, und sie hielten eine Erklärung vermutlich auch für überflüssig. Allein der Tauschwert rechtfertigt jede Schandtat, und es kommen allenfalls noch die Abfallprodukte gesellschaftlichen Prestiges, beruflichen Fortkommens oder befriedigter Heimtücke ins Spiel, um dem Tauschwert ein menschliches Gesicht zu geben – der Kriminalroman ist kein taugliches Organon der Kunstsoziologie.

Vielleicht ist es ja auch unmöglich, generell für die Kunst einen Gebrauchswert zu definieren, auch wenn ihr Tauschwert durchaus allgemeiner Natur ist. Nur in Romanen, in deren Mittelpunkt kein Krimineller, sondern ein Sammler steht – was sich ja nicht immer ausschließen muß –, werden biographische, archetypische oder konventionelle Motive der Brauchbarkeit von Kunst halbwegs greifbar, etwa in Georges Perec' *Das Kunstkabinett* oder in Bruce Chatwins *Utz,* dem vielleicht schönsten Buch unter den genannten. Doch tauscht man das Rätsel des Gebrauchswertes der Kunst nur gegen ein anderes, nämlich das des Sammelns, aus, wenn man diesen Faden aufnimmt. Schon Bruce Chatwin hat bemerkt, daß sogar „der Marxismus-Leninismus die Frage der Privatsammlungen nie in den Griff bekommen" hat, womit er wohl kaum die florierende Praxis der Enteignung gemeint haben kann, sondern eher eine Theorie des Objektbezugs.

Fälschungslust. In einem seiner Motive bietet der Kriminalroman allerdings einen Zugang zum Gebrauchswert der Kunst, nämlich im Motiv der Fälschung. Wie der Dieb über die Sicherungsanlagen des Museums triumphiert, der Hehler über den frommen Glauben, es gäbe unverkäufliche Waren, und der Finder verschollener Werke über die Verwerfungen der Geschichte, so triumphiert der Fälscher über den Kunstverstand. Er entlarvt die Selbstsicherheit im Umgang mit der Kunst als reine Konvention, als angenehme Selbsttäuschung oder kurzsichtige Pseudo-Kennerschaft.

Das gefälschte Werk wird ja angefertigt, um den Tauschwert eines echten zu erzielen, und muß daher perfekt dessen Erscheinungsbild imitieren. In dieser Mimikry bietet es einen Zugang zum Rätsel des Gebrauchswertes. Denn warum, so muß man sich doch fragen, verblaßt ein lange verehrtes Gemälde von, sagen wir, Rembrandt oder Picasso, plötzlich vor den Augen seines Besitzers, wenn er erfährt, daß irgend ein Unberufener es verfertigt und ein Betrüger es ihm verkauft hat? Was war denn vorher in dem Bild zu sehen, das mit solcher Auskunft sich plötzlich verflüchtigen könnte? Die Highsmith spielt einige der naheliegenden Reflexionen in ihrem Roman durch, und durch fast alle anderen einschlägigen Kriminalromane zieht sich das Thema der Fälschung wie ein roter Faden, der sich vielleicht zu folgender Schlinge zusammenziehen läßt: Mit dem Erfolg der Fälschung steht die Kunstverehrung im Verdacht, weniger, wie sie es beansprucht, in den Qualitäten des Kunstwerkes verankert zu sein, als vielmehr ihre eigenen Projektionen auf dem Kunstwerk zu parken, um diesen Platz sofort zu verlassen, falls er sich als unzuverlässig oder zweifelhaft herausstellt.

Die Fälschung ist das Trauma des bürgerlichen Kunstbegriffs, weil dieser sich maßgeblich auf Originalität und Authentizität gründet. Es ist schwer auszumachen, worin deren Gebrauchswert eigentlich liegt, aber immer wieder erhebend zu beobachten, wie er sich im Moment eines Fälschungsnachweises in Rauch und Schadenfreude auflöst. Der Kriminalroman klärt das Problem des Gebrauchswertes nicht, aber im Motiv der Fälschung spricht er es häufiger an als irgend ein anderes.

In ihrer Gesamtheit läßt die literarische Kriminalisierung der Kunst eine Lust an der Fälschung erkennen, die über die einzelnen Werke hinausweist und einen größeren Horizont der Verdachtsmomente eröffnet: Könnte es sein, daß nicht nur eine Vielzahl von Kunstwerken, sondern unser heutiger Kunstbetrieb insgesamt eine Fälschung ist? Was zu Beginn des 19. Jahrhunderts so idealistisch und naiv zugleich in die Wege geleitet wurde – die Demokratisierung der Sammlungen durch die Öffnung der Museen und die schichtenübergreifende Vermarktung der Kunst –, ist das heute womöglich in eine schlechte Verallgemeinerung der ursprünglichen Absichten gemündet? Benutzt der moderne Kunstmarkt die damals gebildete bürgerliche Kunstreligion nur noch als Schaufensterattrappe, als scheinheiliges Alibi der Geldvermehrung? Sind heutige Künstler nur geschickte Fälschungen eines Modells des 19. Jahrhunderts, ihre Händler täuschend echte Nachahmungen von Prototypen der frühen Moderne? Ist der westliche Kunstbetrieb gar am Ende eine der zahllosen Imitationen der Japaner, eine Simulation von ihren Gnaden, *Morels Erfindung,* in der wir weiter reden und handeln, als ob wir den Übergang in die Unwirklichkeit nicht mitbekommen hätten? Halten sie mit ihrem stabilen Yen dieses Kunstgebilde vielleicht nur am Leben, um jederzeit unbefangen in den *Cyber-Space* westlicher Kultur einsteigen zu können?

Nun verliert der Kunstbetrieb nicht wie ein Gemälde mit einem Schlag Glanz und Ansehen, wenn man ihn unter den Verdacht stellt, eine Fälschung zu sein. Doch ist dieser Verdacht nicht von der Hand zu weisen und durchaus fruchtbar. Denn er erinnert daran, wieviel Ansehen die heutige Kunst und ihr Betrieb hohen, um nicht zu sagen überhöhten Anleihen auf das 19.

und frühe 20. Jahrhundert verdanken, Anleihen, die im Fall einer Ansehenskrise vermutlich als „nicht eintreibbare Forderungen“ abgeschrieben werden müßten. Der Umfang des erborgten Anteils im Ansehen der Gegenwartskunst wird nicht nur in den freiwilligen Auskünften von Künstlern ruchbar, die sich unbefangen als Nachfolger Duchamps, Erben Picabias oder Vollstrecker des Expressionismus ausgeben. Über die einzelnen historischen Rückbezüge hinaus ist das Ansehen des Künstlers und die Macht des Betriebs heute ohne die Säulenheiligen der Moderne nicht zu denken, die noch fast jeden Erben um Kopfeslänge überragen. Denn sie haben etwas eigentlich Paradoxes, aber Überlebensnotwendiges vollbracht, nämlich im Totalangriff auf das heruntergekommene Erscheinungsbild der bürgerlichen Kunst die bürgerliche Überschätzung der Kunst in unser Jahrhundert zu retten.

Wenn es nun so wäre, daß unser Kunstbetrieb nur als eine geschickte Fälschung angesehen werden dürfte – wir würden uns damit zufrieden geben müssen und auch können. Die Vorarbeit der frühen Moderne ist so überwältigend ergiebig, daß auch noch die Reprisen, Pastiches und Kopien, die Modulationen, Verfeinerungen und Nachbesserungen die Aufmerksamkeit lohnen und es nicht in jedem Fall heißen muß, ein Talent zu verschwenden, wenn man es in das Projekt der Postmoderne investiert. Doch ist es wichtig, den Verdacht der Fälschung wachzuhalten, weil er immer wieder von den Beruhigungsmitteln des Betriebs anästhesiert zu werden droht.

Der ungebrochene Mythos. Nicolas Born hat in seinem letzten und bedeutenden Roman *Die Fälschung* die Authentizität und Glaubwürdigkeit des Kriegsberichterstatters, also einer wichtigen literarischen und publizistischen Figur des 20. Jahrhunderts, in Zweifel gezogen. Für den Kunstbetrieb ist dieser Roman noch zu schreiben. Alison Lurie hätte es mit *Die Wahrheit über Lorin Jones* beinahe geschafft. Die Recherchen ihrer Heldin auf den Spuren einer früh verstorbenen Malerin unterminieren geschickt die falschen Mythen des Marktes wie des Feminismus, der Kunstkritik wie der Katalogprosa. Man kann es mit Erleichterung genießen, daß Alison Lurie dieses knifflige Thema nicht als

Gelegenheit für eine grobe Polemik begreift, mit der sich bislang noch fast jede Attacke auf die Gegenwartskunst und deren Markt diskreditiert hat. Statt dessen läßt sie die „sentimental journey“ ihrer Heldin auf den Spuren der jung verstorbenen Künstlerin in dem berühmten Garten enden, dessen Pfade sich verzweigen: Jede neue Auskunft stellt das Bild in Frage, das sich bis dahin bot. Es versteht sich, daß die Männer dabei überwiegend schlecht wegkommen: der Kunstkritiker, mit dem die Malerin verheiratet, der Galerist, mit dem sie geschäftlich verbunden, der Vater, von dem ihre Mutter geschieden war. Doch steht es mit den Frauen, allen voran der Malerin, nicht viel besser. Die penible Recherche zerstört nach und nach jeden Anlaß zur Bewunderung der Künstlerin und des Kunstbetriebs, und zwar durchaus subtil und mit einer Mischung aus Bedauern und boshaftem Vergnügen. Diese exemplarische und recht realitätsnahe Anamnese einer süßen Fiktion hätte das Äquivalent zu Borns Roman sein können, wenn nicht eine Instanz diese Destabilisierung ungeschoren überstehen würde: die Kunst. Wie in den Kriminalromanen, so bleibt auch in diesem Bildungsroman der Mythos der Kunst unangetastet, nur die falschen Priester werden entlarvt. Die Postmoderne mit ihren Zweifeln und Wiedertaufen hat, so scheint es, den Kriminalroman noch nicht erreicht, ja, nicht einmal der Satanismus des 19. Jahrhunderts macht sich breit. Allenfalls werden schwarze Messen des Konsums gefeiert oder der Schwarzmarkt der Eitelkeiten kultiviert. So bleibt der Kriminalroman, was die Kunst angeht, eher affirmativ. Ja, er ist, so paradox das auch klingen mag, eine Gattung, die von der Echtheit der Kunst überzeugt ist, gerade in der Fälschung.

Mag der Kriminalroman auch den Mythos der Kunst nicht antasten, so bleibt ihm doch eine kritische Funktion erhalten, die er in der Moderne stets ausgeübt hat, selbst in seinen trivialsten Formen, und zwar die, alle gängigen moralischen Illusionen über die Beweggründe des menschlichen Handelns zu unterlaufen. Der Kriminalroman ist eine authentische literarische Gattung der Marktgesellschaft, weil er ihr grundlegendes Postulat variiert, daß nämlich so gut wie jedes Mittel recht ist, um zu Erfolg und Profit zu gelangen. Mit seinem eigenen Erfolg auf dem

Buch- und Filmmarkt hat er nur eine weitere Probe aufs Exempel geliefert.

Nun handelt der Kriminalroman auf in der Tat unsichtbaren Märkten, deren Orte, Agenten und Waren aufwendig getarnt und verborgen werden, aber seine Botschaft strahlt auch auf die sichtbareren aus. Es ist sein moralischer Skeptizismus, der sich nicht mit dem Vertrauen vereinbaren läßt, das die liberalen Verfechter der Marktwirtschaft, wenn schon nicht in die Motive der einzelnen, dann zumindest in das Resultat ihres Zusammenwirkens zu setzen pflegen. Lesern von Kriminalromanen vermittelt sich statt dessen die Überzeugung, daß es nur Zufall sein kann, wenn die Gesellschaft durch das eigensüchtige und unmoralische Treiben ihrer Mitglieder nicht noch mehr Schaden nimmt als ohnehin schon. Im Kriminalroman erscheint nämlich nicht etwa die Schattenseite des Marktes, sondern das Bild seiner ungehinderten Entfaltung. Jenseits der politischen, juristischen und moralischen Verbindlichkeiten, mit denen die Staatsgewalt das Markttreiben notdürftig zu regulieren sucht, liefert der Kriminalroman ein Bild des Marktes, wie er sich dort entwickelt, wohin die Macht der moralischen Regulation nicht reicht, oder dann, wenn diese nachläßt: das Reich des Bösen als Domäne des ungehinderten Eigennutzes.

Die öffentliche Hand

Der Mäzen als Skandal

Die große Macht des guten Willens

Gottlieb Theodor Pilz. Nicht jedem Zeitgenossen ist die Gestalt des Hamburger Bürgers Gottlieb Theodor Pilz vertraut, der von 1789 bis 1856 lebte. Man muß aber an sein Beispiel erinnern, will man die Bedeutung der Kunstförderung in der bürgerlichen Gesellschaft verstehen. Bereits dem neunjährigen Gottlieb gelingt es wiederholt, bei abendlichen Dichterlesungen im Elternhaus dem hochbetagten, aber noch äußerst produktiven Dichter Klopstock ganze Stöße von Oden zu entwenden, deren Fehlen freilich niemand bemerkt. Zum Manne herangereift, hält Pilz dann Friedrich Ludwig Jahn davon ab, einen Dramenzyklus zur Hermannsschlacht zu publizieren, und rät ihm zu Leibesübungen. Delacroix redet er später eine Serie von Kolossalgemälden verschiedener Urwaldszenen aus, und Rossinis Eifer lenkt er von der Musik vollends auf die Kochkunst. Schumann und Mendelssohn, die beide bis dahin je vier Symphonien geschrieben haben, bekehrt er zu der Auffassung, daß ein Komponist auf keinen Fall fünf verfassen sollte, und auch die unproduktive Phase im Werk Beethovens, die bekanntlich von 1814 bis 1818 währte, läßt sich auf dessen persönlichen Umgang mit Pilz zurückführen. Denn Pilz war, wie sein verdienter Biograph berichtet, „ein Dämpfer. Sein Beitrag zur Geschichte der abendländischen Kultur kommt in der Nichtexistenz von Werken zum Ausdruck, Werken, die durch sein mutiges, opferbereites Dazwischentreten niemals entstanden sind."

Diese Biographie erfand Wolfgang Hildesheimer als eine seiner „Lieblosen Legenden". Mit Pilz konterkariert er das kulturelle Sendungsbewußtsein des deutschen Bürgertums, das im 19. Jahrhundert die Förderung, Verbreitung, Sammlung oder Präsentation von Kunstwerken aller Gattungen zum echten Herzensanliegen der ansonsten recht herzlos funktionierenden kapitalistischen Gesellschaft erhob. Pilz ist ein legitimer Repräsentant des 19. Jahrhunderts: Geboren im Jahr der Französischen Revolution, die der Transformation der feudalen Kunstverwendung zur bürgerlichen Kunstverehrung entscheidende Konturen gab; gestorben im Todesjahr Heines, eines anderen Deserteurs aus der „Kunstperiode". Hildesheimer läßt Pilz in den Kulissen einer Zeit agitieren, deren Kunstseligkeit in offenkundigem Widerspruch zu Hegels These vom Ende der Kunst florierte; die so tat, als ob sie sich keine höhere Bestimmung des Erdenwallens vorstellen mochte denn die des Künstlers; die Goethe als Halbgott der Bildung zur klassizistischen Gipsbüste promovierte und das tiefe Mißtrauen eines Karl Marx gegen das Postulat von der Autonomie der Kunst nährte. Pilz ist ein Wiedertäufer der deutschen Kunstreligion, und das ganz ohne Aufregung und fast ohne jegliche Anstrengung.

Es hieße Hildesheimer freilich zu unterschätzen, wollte man seine Geschichte nur als eine retrospektive Grille goutieren. Wenige Jahre vor der Erstveröffentlichung der „Lieblosen Legenden" hatte er, der den Nationalsozialismus in der Emigration überlebte, als Dolmetscher bei den Nürnberger Prozessen gearbeitet. Seine Version vom Ende der Kunst, rund 150 Jahre nach der Hegels, hat einen finsteren historischen Hintergrund, nämlich die verheerende Radikalisierung deutscher Kunstreligiösität im „Dritten Reich". Fritz Stern und Helmuth Plessner haben kunstreligiöse Motive des deutschen Antimodernismus und deren Bedeutung für den Nationalsozialismus rekonstruiert; Stern über die Stationen Paul de Lagarde, Julius Langbehn und Moeller van den Bruck; Plessner im Kontext der spezifischen Verspätung des bürgerlich-liberalen Nationalstaates.[1] Hildesheimers Legenden dagegen sind Satiren über das Ende jeglicher Kunstreligion, auch der durch den Nationalsozialismus eher beiläufig diskreditierten, zählebigen Genie-Ästhetik.

Nachkriegsmoderne. Wenn Hildesheimer seine Fiktion auch in die Anfangsjahrzehnte des 19. Jahrhunderts verlegt, so ist das Motiv doch ein dialektisches Bild der Nachkriegszeit. Denn nach dem Zweiten Weltkrieg konnte sich das von Hildesheimer karikierte kulturelle Sendungsbewußtsein des (west-)deutschen Bürgertums noch einmal voll entfalten. Die Niederlage des Nationalsozialismus als einer rassistischen Sekte deutscher Kunstreligiösität führte nämlich nicht zu einem Ansehensverlust der Kunst, sondern zu einem enormen Bedeutungsgewinn. Dafür sorgte die Rehabilitierung der zuvor diskriminierten modernen Kunst. Als Opfer des Bildersturms wurde sie zur Inkunabel der „geschenkten Freiheit" (Günter Grass), zum Demonstrationsobjekt demokratischer Toleranz und zum Kultobjekt der Modernität. Die neue Kunstreligion kam aus den Katakomben zu ihren plötzlich zahlreichen Konvertiten und errichtete ihre Monumente im öffentlichen Raum, vor Banken und Schulen sowie in den Museen. Sie fand ihre Exegeten in Redaktionen und Volkshochschulen, wurde schließlich sogar in einigen kunsthistorischen Instituten geduldet. Ihre frohe Botschaft nötigt freilich selbst dem postmodernen Heiden noch einigen Respekt ab: Es ist der große Traum von der ästhetischen Repräsentierbarkeit der Demokratie durch die Moderne Kunst, der allerdings nur eine einseitige Fiktion des Kalten Krieges war.

In der Nachkriegszeit hatten Kunstförderer daher Konjunktur. Es handelte sich dabei etwa um einen Sammler wie Bernhard Sprengel, der beim Besuch der Ausstellung „Entartete Kunst" die Entscheidung gefällt hatte, die verfemte Kunst heimlich zu unterstützen und zu sammeln, und sie dann in der Nachkriegszeit seiner Heimatstadt zur Verfügung stellte; um den Arzt Ottomar Domnick, der sich als Sammler, Redner, Filmemacher und Schriftsteller für die Anerkennung der abstrakten Kunst einsetzte, oder den Ulmer Verleger Kurt Fried, der 1959 gegen die Politik des lokalen Kunstvereins sein „studio f" als privat getragenen, aber öffentlichen Ausstellungsraum installierte und später seine umfangreiche Sammlung moderner Kunst dem Ulmer Museum stiftete.

Es waren *Personen* von erfrischend persönlichem Zuschnitt, keine Medienstars der Auktionsrekorde, Museumsimperien oder Großakquisitionen. Sie genossen lokale und regionale Bedeutung und begnügten sich damit. Sie stifteten, wie zum Beispiel Josef Haubrich in Köln, ansehnliche Sammlungen, ohne sich in der Bezeichnung des Museums hervorgehoben sehen zu wollen, stehen aber durchaus namentlich für die bürgerliche Erneuerung des mäzenatischen Gedankens, der während der staatlichen Bevormundung der Kunst im Nationalsozialismus in den Hintergrund getreten war. In diesen Nachkriegsjahren dominierte eine Art *Wiedergutmachungssammeln,* bei dem Lücken geschlossen wurden, welche die Bilderstürme der Nationalsozialisten geschlagen hatten. Parallel dazu verstand es sich von selbst, daß gerade jene zeitgenössischen Künstler gefördert wurden, die durch Hitler um ihre Entwicklung und die internationale Durchsetzung gebracht worden waren, Künstler, die wie Ernst Wilhelm Nay, Georg Meistermann, Hans Uhlmann, Emil Schumacher, Joseph Faßbender, Hann Trier oder Fritz Winter am Anfang des 20. Jahrhunderts geboren worden waren. Diese Phase ging zügig in eine Art *Anschlußsammeln* über, bei dem zunächst der Erwerb französischer Abstrakter, später auch angelsächsischer Pop-Art die Westorientierung der Bundesrepublik kulturpolitisch arrondierte.

Neben den privaten und persönlichen lebten auch die *korporativen Formen* des Mäzenatentums wieder auf, die sich im 19. Jahrhundert herausgebildet hatten, nämlich die zahlreichen *Kunstvereine.* In der sowjetisch besetzten Zone wurden sie verboten, in den Westzonen erlebten sie dagegen bald nach der Aufhebung des Versammlungsverbots eine unvorhersehbare Renaissance. Ihre Aufgaben erfuhren dabei eine Schwerpunktverlagerung, weil die Kunstvereine an Bedeutung für die Kunstvermarktung in dem Maße abnahmen, wie sie in ihrer Eignung für den politischen Bildungsprozeß der ästhetischen „re-education" erkannt und gefördert wurden. Ihre Ausstellungs- und Vermittlungsarbeit machte sie zu Mäzenen von Kunst und Bildung zugleich, ihre Mitglieder stifteten dazu in bester bürgerlicher, nämlich unauffälliger Manier die nötigen Mittel.

Sie fanden wachsende Unterstützung bei den Kultusbehörden der Städte und Bundesländer, die „ihre" jeweiligen Kunstvereine locker in die kommunale, regionale oder hauptstädtische Kulturpolitik einbanden. Dabei konnte die aus guten Gründen föderalistisch verfaßte Bundesrepublik an vorrepublikanische Traditionen des politischen Regionalismus anknüpfen und somit ein einstiges Dilemma deutscher Geschichte, den Provinzialismus, in eine ihrer besseren Traditionen ummünzen. Wenn in diesen Jahren vom Staat als Mäzen die Rede war, dann eben nicht im Sinne einer zentralistischen Kunstregie, wie sie der Nationalsozialismus durchgesetzt hatte, sondern von einem Netz föderativer Kunstförderung, das sich mit anderen Netzen privater und betrieblicher Hilfsmaßnahmen zu überlagern begann. Sie wurden immer engmaschiger und verliehen der Bundesrepublik schließlich das Gepräge eines reichen und liberalen Kulturstaates, worum uns Künstler und Kunstvermittler anderer Länder, der angelsächsischen zumal, beneiden mögen. Sie sind so dicht geknüpft, weil der Föderalismus nach dem – auch preußisch inspirierten – Zentralismus des NS-Staates nicht nur als politische Notwendigkeit, sondern auch als regionale Erleichterung empfunden wurde – im Rheinland kaum weniger als in Bayern. Die Kunstförderung vor Ort und im Bundesland ist daher auch als eine kulturpolitische Demonstration des föderalistischen Gedankens zu verstehen. Die Formel vom Staat als Mäzen gilt es aber auch im übergreifenden Sinn ernstzunehmen, denn viele der Aufgaben, die früher dem Gemeinsinn großzügiger Bürger oder Adliger überlassen blieben, hat der Staat mit seinen Untergliederungen übernommen, nicht zuletzt ein gesinnungsneutrales Stipendienwesen, die Garantie der Ausbildungsfreiheit und den Unterhalt der Akademien.

Daneben wurden mit Preisverleihungen, Aufträgen und vielfältigen Förderungsmöglichkeiten auch *Verbände* als korporative Mäzene tätig, die neue Einheitsgewerkschaft etwa, die mit Ruhrfestspielen, Büchergilde und leider wenig mehr ihrer kulturellen Verantwortung nachkam, aber auch Dachverbände einzelner Gewerbe- und Industriezweige, die material- oder branchenspezifische Preise und Wettbewerbe auslobten. Als Maßnahme der Industrie war seit seiner Gründung in den frühen fünfziger Jahren der „Kulturkreis im Bundesverband der Deutschen Industrie" führend, der ein konservatives Verständnis von Unternehmer-Kultur – nicht Unternehmens-Kultur – mit moderner Kunst zu fusionieren trachtete. Er schaffte das nicht immer im Einvernehmen mit allen Mitgliedern, aber lange Zeit mit großem Erfolg und großem Ansehen. Gerade für die fünfziger und sechziger Jahre ist die Bedeutung des Kulturkreises in der Förderung von Dichtern, Musikern und Künstlern im Sternzeichen der Nachkriegsmoderne herausragend.

So könnte eine Skizze der Kunstförderung in der Bundesrepublik der fünfziger und sechziger Jahre aussehen, doch bereits während der sechziger Jahre begann eine Änderung der Verhältnisse, deren Folgen bis heute unsere kulturpolitische Landschaft prägen.

Der Mäzen als Kulturpolitiker. Dafür war es von Bedeutung, daß mit den beiden Industriellen Karl Ströher und Peter Ludwig das Kunstsammeln amerikanische Dimensionen annahm, und zwar sowohl im Hinblick auf den Umfang der Sammlungen wie auch auf den Anteil von US-Künstlern, zunächst solchen der Pop-Art. Die Phase des Anschlußsammelns, die noch von der Absicht geprägt war, Defizite und Verspätungen auszugleichen, mündete in eine Sammeltätigkeit, die nicht mehr nur aus der Nachkriegssituation heraus zu verstehen war. Sie wollte vielmehr mit einer zeitgenössischen Kunst Schritt halten, der ein expandierender Markt eine beschleunigte Entwicklung zugleich ermöglichte und diktierte.

Doch die eigentliche Herausforderung bestand nicht in dieser Änderung der Sammlungsmuster, sondern in der Bereitschaft der beiden Sammler, finanziell und bürokratisch bedingte Verzögerungen in der Ankaufspolitik der Museen mit Kompaktangeboten von Leihgaben auszugleichen. Die Unfähigkeit der Institutionen, mit der Expansion der Kunst Schritt zu halten, ließ die großen Sammler in die Rolle hineinwachsen, zwischen der internationalen Verteuerung der Ware auf dem Kunstmarkt und der vergleichsweise schwindenden Kaufkraft und bürokratischen Unbeweglichkeit der Museen zu vermitteln. Bis dahin galt für die Ankaufspolitik das Modell der Delegierung: Die Auswahl lag in den Händen von Fachleuten, deren Etats mit Kommunen und Landesvertretern auszuhandeln waren. Die zuständigen Behörden und Kommissionen hatten die sachgerechte Nutzung dieser

Mittel zu kontrollieren, aber was das Kunsturteil anging, wurden die Museumsdirektoren wieder als eine *Funktionselite* respektiert. Darüber hinaus vertraute man auf die Initiative von Privatleuten und Museumsvereinen, aus deren Zusammenspiel mit den Institutionen sich schließlich jene demokratische Pluralität ergeben sollte, die nur eine Einschränkung kennt, nämlich die qualitative. Bis auf wenige Ausnahmen hat sich dieses Modell in der Nachkriegszeit bewährt. Und gerade die Ausnahmen, bei denen populistische Politiker oder Bürokraten couragierten Museumsleitern Ankäufe zeitgenössischer Kunst öffentlich anzukreiden suchten, stärkten den demokratischen Konsens der *Gewaltenteilung in ästhetischen Fragen.* So bot die Bundesrepublik, was ihre Kunstpolitik anging, Anfang der siebziger Jahre ein zufriedenstellendes Bild. Sicher hätte jeder Museumsdirektor gern einen höheren Ankaufsetat und einen größeren Bewegungsspielraum gehabt, aber insgesamt schien das Feld der Kunstförderung bestellt.

Mit dem Auftreten von Ludwig ließ sich aber plötzlich erkennen, welches *Vakuum* dadurch entstanden war, daß die Nachkriegsrepublik darauf verzichtet hatte, kulturelle Repräsentation in staatlicher und hauptstädtischer Regie zu betreiben, um die pluralistische Freiheit der Kunst als konstitutive Leistung der Demokratie ausgeben zu können. Zugleich verdankte es sich der schlichten Tatsache, daß in keiner der großen Nachkriegsparteien Kulturpolitik eine „Karriere-Schiene" gewesen wäre. Die Größe des Vakuums, das durch den staatlichen Repräsentationsverzicht entstanden war, ließ sich dann in dem Grade ermessen, in dem Ludwig es zu füllen begann. So waren viele davon überrascht, welche Bedeutung die Privatinitiative eines einzigen Sammlers für die Kulturpolitik annehmen konnte. Er selber muß zu denjenigen gehört haben, die davon überrascht wurden. In der Beschleunigung und Dimensionierung seiner Stiftungstätigkeit zeigte sich nämlich, daß Ludwig von der Suggestivität seines unvorhersehbaren Erfolges nicht unbeeindruckt blieb. Er konnte den Freiraum, den eine föderalistisch verfaßte Kulturpolitik und die Bürokratisierung der Kulturpflege hatten entstehen lassen, ausfüllen wie der Geist aus der Flasche und sich offenkundig an seinem schnellen Wachstum auch berauschen. Anders wäre es kaum zu verstehen gewesen, daß er sich schon wenig später nicht mehr mit kommunalen Gesprächspartnern zufrieden geben, sondern seinen Sammlungen den Rang einer nationalen Stiftung beimessen wollte. Doch das Anerbieten, den kulturellen Repräsentationsverzicht des Staates gleichsam mäzenatisch zu kompensieren, traf auf breiten Widerstand, das Skandalon Ludwig wurde offenbar: Zum mächtigsten Kunstpolitiker der Bundesrepublik schwang sich ein Privatmann auf, der weder ein gewählter Vertreter des Volkes war noch ein Beamter – auf diese ästhetische Herausforderung der Demokratie war niemand vorbereitet. Ludwigs Vorstoß scheiterte jedoch nicht an dem Widerstand, der Linke und Konservative, Künstler und Sammler plötzlich einte, sondern an einer Präventivmaßnahme kulturpolitischer Besitzstandswahrung. Es war nicht zufällig gerade Werner Schmalenbach, der mit der „Kunstsammlung Nordrhein-Westfalen" einst das kleinteilige Geflecht kommunaler Kunstsammlungen durch eine neo-feudale Landessammlung übertrumpft hatte, der sich gegen den nächstgrößeren Quantensprung der Kunstpolitik zur Wehr setzte und Ludwigs Pläne schließlich zur Strecke brachte – auch in der Kulturpolitik gilt offenbar die homöopathische Regel, daß Gleiches zuverlässig nur durch Gleiches außer Kraft gesetzt wird.

Der Sammler als Herausforderer. Der Anspruch auf eine halbstaatliche Stiftung blieb aber nicht die einzige Provokation Ludwigs, denn auch in der Konzeption seiner Sammlungen unterlief er zunehmend wesentliche kulturpolitische Verabredungen der Nachkriegsdemokratie. Nach der Phase des Anschlußsammelns, in der Ludwig vorwiegend Markenartikel vom New Yorker Kunstmarkt nach Deutschland brachte, hatte er zu den ersten gehört, die in den siebziger Jahren auf das wachsende internationale Ansehen deutscher Gegenwartsmalerei reagierten. Damit war eine dritte Phase des Kunstsammelns erreicht, die den westdeutschen Markt und die westdeutsche Kunst als inzwischen wieder international konkurrenzfähig vorzeigen konnte. Diese Phase des *Etablierungssammelns* schien zunächst in einen internationalen Kontext westeuropäischer und amerikanischer Kunst eingebunden zu bleiben, bis der umfangreiche Bestand von Kunstwerken aus der DDR bekannt wurde und besichtigt werden konnte.

Schien sich in der Einbeziehung der DDR zunächst ein kulturelles Nationalbewußtsein des Sammlers Geltung zu verschaffen – das in seiner Generation durchaus breit vorhanden und oft auch demokratisch geläutert zu sein scheint –, so wurde eine solche Interpretation bald durch das Bekanntwerden weiterer *Ostkunstsammlungen* obsolet. Denn Ludwig eröffnete sich, erkennbar auch mit wirtschaftlichen Interessen verknüpft, weitere Staaten des Warschauer Paktes als Sammlungsbereiche, in die ihm kaum ein anderer Sammler folgen und die kaum ein westlicher Museumsleiter ausstellen mochte. Wie umstritten seine Erwerbungen aus den ehemaligen Ostblock-Staaten auch waren und bleiben müssen, so waren sie doch auch eine kulturelle Antizipation der politischen Öffnung Mitteleuropas – die allerdings eine andere Kunst begünstigt, als damals gesammelt wurde.

In allen Stadien seiner Sammeltätigkeit war Ludwig offenbar nie von dem Drang beseelt, eine bestimmte Botschaft zu übermitteln. Ihm fehlten Pathos und Vision deutscher Kunstreligiösität, an deren Stelle er einem anderen Fetisch huldigte, in dessen Verehrung sich viele nüchterne Zeitgenossen teilen: *Information* war die neutrale Leitidee, auf die er sich zurückzog, wenn ihm die Inkompatibilität seiner disparaten Sammlungsgruppen vorgehalten wurde. Ohne Zweifel hat er maßgeblich dazu beigetragen, daß diese Vorstellung der Inkompatibilität als nachkriegsdeutsche Fiktion entkräftet wurde, doch konnte er sie nicht gänzlich liquidieren. Denn sein Versuch, auch Arno Breker in ein deutsches Museum zu schmuggeln, aktivierte ein weiteres Mal eine breite Opposition. In den letzten Jahren hat sich nun gezeigt, daß Ludwig mit seinen Leihgaben und Stiftungen doch mehr erreichen will, als nur Museen auszustatten und zu informieren. Er will ein Weltbild vermitteln, eines, in dem Willi Sitte, Arno Breker und Georg Baselitz ihren Platz neben bulgarischer, kubanischer und brasilianischer Kunst einnehmen, umrahmt von „Pattern Painting“ und Pop-Art, „Neuen Wilden“ und alten

Abstrakten. Diese neue Sammlungskonzeption der *Weltkunst* ist gleichsam die Musée-d'Orsay-Version für das 20. Jahrhundert, so unangreifbar wie Andy Warhols Losung „All is pretty" und so indifferent wie ein Warenhauskatalog – gern wüßte man, was Gottlieb Theodor Pilz in einem solchen Fall geraten hätte.

Motive der Kritik. Von Kritik konnte ein solcher Sammler natürlich nicht verschont bleiben, auch wenn seine Empfindlichkeit in dieser Hinsicht bekannt war. Doch mußte sich mancher Kritiker Ludwigs an ein frühes Verfallsdatum seiner Einwände gewöhnen, denn dessen Sammlungstätigkeit unterliegt dem „documenta-Effekt": Wie in Kassel erfahrungsgemäß jede documenta verrissen wird, um dann der nächsten als leuchtendes Vorbild vorgehalten zu werden, verblaßt die Kritik an Ludwigs letztem Schachzug jeweils angesichts des nächsten. Betrachtet man die nunmehr zwanzigjährige Verketzerung und Selbstdarstellung des Mäzens in der Öffentlichkeit, dann fehlte es an Gelassenheit auf beiden Seiten, und das kann kaum überraschen, denn in einer Demokratie muß eine so überragende Figur wie Ludwig eine Provokation darstellen. Der Sozialpsychologe Heinz Bude, der mit seinem Buch „Deutsche Karrieren" ein Portrait der Generation Ludwigs vorgelegt hat und an einer Biographie des Aachener Sammlers arbeitet, sieht in der Ablehnung des Mäzens auch die nivellierende Wirkung demokratischer Selbstzufriedenheit, ihre aggressive Verteidigung egalitärer Standards.[2] Seine Deutung hat einiges für sich, und sie ist von dialektischem Reiz, denn sie begegnet der notorischen Psychologisierung des Sammlers mit einer Soziologisierung seiner Kritiker. Es wäre vermutlich lehrreich, einmal die kritischen Topoi zu resümieren, die sich in der Auseinandersetzung mit diesem in vielen Hinsichten herausfordernden Sammler gebildet haben – zumal selbst die bereits vorliegende Ludwig-Biographie von Reiner Speck der paradoxe Tonfall einer defensiven Hagiographie durchzieht.[3]

Greift man die wichtigsten Topoi heraus, so fällt als erstes das zwiespältige Verhältnis des Mäzens und seiner politischen Verhandlungspartner zur Öffentlichkeit ins Auge. Die Publizität, die mit Ludwig in das mäzenatische Treiben eingekehrt ist, kann nämlich nicht als Indiz dafür betrachtet werden, alles, was man zur Beurteilung oder auch nur Darstellung seiner Bedeutung und Handlungsweise wissen müßte, wäre auch bekannt. Selten war ein als Mäzen geltender Privatmann in der Öffentlichkeit so präsent wie der Aachener Fabrikant, doch wichtige Details seiner Tätigkeit als Sammler, Leihgeber und Stifter bleiben im Verborgenen. Selbst der gleichsam öffentlich-rechtliche Teil von Ludwigs Wirken ist selten transparent. So ist keiner der Verträge, die zwischen dem Sammler und seinen kommunalen Partnern über Stiftungen und Dauerleihgaben hierzulande abgeschlossen worden sind, auch öffentlich gemacht worden, selbst dort nicht, wo – wie etwa in Köln oder Aachen – die öffentliche Hand sich zu beträchtlichen Gegenleistungen bereitfand. Daß so etwas nicht als Skandal gilt, verdankt sich wohl maßgeblich dem Ansehen, in dem das Mäzenatentum immer noch steht. Ludwig hat für einen eigenen Stil der Symbiose von Politik und Kunstzuteilung gesorgt, der die Vertreter der öffentlichen Hand unter Erfolgsdruck setzt und sie Risiken entweder nicht erkennen oder verniedlichen läßt. Schon im Vorfeld solcher kulturpolitischen *joint ventures* scheinen binnenparteiliche Richtungsvorgaben für reibungslose Abwicklung und eine Vertuschung von Kriterien zu sorgen, an denen ein Erfolg überhaupt zu messen wäre. Sowohl konservative wie sozialdemokratische Partner ergeben sich gerne diesem Spiel, auch in Duldungskoalitionen – zu verlockend ist die Aussicht, gegen vergleichsweise geringe Investitionen bereits vorsortierte Mengen teurer Kunst einzuhandeln; zu hoch ist das Ansehen der Kunst, als daß sich am Sinn solcher Mengen zweifeln ließe; zu groß sind die Mengen, als daß man im Einzelfall genau hinschauen könnte. Ob alle Erwartungen der öffentlichen Hand auch in Erfüllung gehen, wird sich zeigen; Kennern von Vertragsabschlüssen gilt jedenfalls Ludwig stets als der gewieftere Verhandlungspartner. Dem Zaungast des Geschehens bleibt als schlechter Nachgeschmack jedenfalls die Einsicht, daß in einer Demokratie selbst die edleren Gesten ein unästhetisches Geklüngel aus privaten, politischen und öffentlichen Interessen voraussetzen. Aber auch den Beteiligten der kulturpolitischen Erfolgsgemeinschaften hätte sich inzwischen enthüllen können, daß jene ästhetische Gewaltenteilung, die eine wichtige Errungenschaft der Nachkriegsdemokratie war, dabei gewaltig aus den Fugen gerät.

In Ludwigs Leihgabenpolitik haben Kritiker auch eine erfolgreiche Zwischenlagerung von kaum noch handhabbaren Sammlungsblöcken gesehen, die der ausgeschlafene Zuteilungs-Experte aber zugleich als Druckmittel im Wettbewerb verschiedener Städte um die Endlagerung seiner Sammlungen einzusetzen verstand. In der Tat hat er dem Motto „Divide et impera", das Ludwig XI. zugeschrieben wird, einen ganz neuen, nämlich museumspolitischen Sinn verliehen: Eine durchdachte Leihgabenpolitik brachte verschiedene Partner gegeneinander in Zugzwang und wird als bemerkenswerte Strategie in die Annalen des Stiftertums eingehen. Man kann hinter Ludwigs Kalkül die Erkenntnis vermuten, daß die Nachwelt erfahrungsgemäß nur das sorgsam verwahrt, was die Vorfahren einst teuer zu stehen kam. Wie alle cleveren Stifter folgt Ludwig einer Dialektik des Schenkens, die der Mannheimer Sammler und Stifter Carl Reiß 1913 auf eine unschlagbare Kurzformel gebracht hat: „Die Allgemeinheit meiner Mitbürger soll alles erhalten, was ich hinterlasse" – eine Formel, die wahlweise als Versprechen oder als Forderung lesbar ist, je nachdem, was man unter „erhalten" versteht.[4] Daß Ludwig neben der Regelung all der komplizierten Leihgaben- und Schenkungsbedingungen auch noch die Zeit findet, weitere Kunst, und zwar in nach wie vor beträchtlichen Mengen, zu mustern und zu erwerben, hat auch seine Kritiker stets beeindruckt. Inzwischen sind seine Sammlungen nämlich so groß und umfassend, daß man es schon als einen Akt der Delegation von Wahrnehmung auffassen kann, wenn sie der Öffentlichkeit zur Verfügung gestellt werden. Denn eine solche Aneignungsorgie müßte selbst die Genußkapazitäten eines visuellen Gargantua überfordern.

Warum zögert man nun, einen solchen Sammler und Stifter als Mäzen zu titulieren, wie es Oberbürgermeister und Medien bei jeder passenden und unpassenden Gelegenheit gerne tun? Es ist doch nicht zu bestreiten, daß zahlreiche Menschen durch seine Stiftungen und Leihgaben mit Kunstwerken in Kontakt gekommen sind, die ihnen ansonsten unzugänglich geblieben wären; daß bei allen Gegenleistungen der Kommunen die Stiftungen einen enormen finanziellen und kulturellen Wert darstellen, und daß die Sammlungsblöcke von Pop-Art oder Fotorealismus, von deutschen Gegenwartsmalern oder sowjetrussischen Akademikern öffentliche Debatten befördert und die Allgemeinbildung erweitert haben. Außerdem wäre heute Kunst in den Parteien vermutlich immer noch kein Thema ohne die Prominenz, die Ludwig damit erworben hat, und es wären nicht so viele Großsammler nachgerückt, die ihrerseits heute Sammlermuseen bestücken oder gar eigene Museen gründen. Warum also rechnet man ihm die positiven Folgen nicht auch als mäzenatische Verdienste an?

Zunächst ist es das Fehlen direkter Künstlerförderung, also das „klassische" Merkmal des Mäzenatentums, das irritiert: Offenbar ausnahmslos werden die Ankäufe im Westen über den privaten, im Osten über den staatlichen Kunsthandel abgewickelt. Von einer Förderung von Künstlern außerhalb dieses kommerziellen Rahmens ist nichts bekannt. Auch erfreuten sich Dissidenten allenfalls ausnahmsweise der Aufmerksamkeit des Handelspartners ihrer stalinistischen Regimes, wurden allerdings nach deren Zusammenbruch reichlich nachgesammelt und so selbstverständlich implementiert, als hätte ihnen das Sammlerinteresse auch schon früher gegolten. Dann läßt auch die nonchalante, wenngleich stets verschleierte Verknüpfung des Kunstkaufens mit anderen Geschäften sowie die Wahrnehmung des eigenen Vorteils beim Kunstkauf durch händlerische Geschicklichkeit zögern.

Schließlich sind es psychologische Umstände, die den Rang des Mäzenatentums in Frage stellen, so die eingestandene Eitelkeit des Stifters. Seine Titel- und Ruhmsucht, der die Spendenempfänger mit Ehrendoktorhüten, Orden und Museumstaufen nachkommen, wird fleißig bespöttelt. Doch als gravierender muß die offene Psychologisierung seiner Rolle erscheinen. Wie Sammler sich überhaupt häufig einer vulgärpsychologischen Spekulation über ihre Motive preisgegeben sehen, bleibt auch dem Mäzen die öffentliche Erörterung seiner Motive nicht erspart. Die Bereitschaft Ludwigs, die eigene Kinderlosigkeit als Grund für seinen Sammlungs- und Stiftungseifer gleichsam entschuldigend zu bestätigen, war ein erschütterndes Zeugnis für den Rechtfertigungsdruck, unter den eine demokratische Öffentlichkeit auch jene setzen kann, die mit Gaben in sie treten – von beiden Seiten ein Zeichen für den Verfall der großbürgerlichen Sitten in der Demokratie.

Der Ansehensverfall des Mäzenatentums wird aber auch durch Übertreibungen der Stifter beschleunigt. In Köln hat man es durchgehen lassen, daß eine moderne Sammlung, zu deren Entstehung und Ausbau andere Stifter schon früh und unter schwierigeren Umständen beigetragen hatten, ohne daß ihre Namen in den des Museums aufgenommen worden wären, ausschließlich den Namen des letzten Stifters Ludwig trägt. In Berlin ist die Strategie Ludwigs schließlich doch einmal gescheitert, durch Schenkungen etablierte Museen dazu zu bewegen, fortan den Namen ihres Spätbeiträgers anzunehmen. Solche Forderungen lehren, in der Großzügigkeit auch die Nötigung zu wittern. Es gibt übrigens auch skurrile Beispiele für die Verknüpfung von Stiftungen mit Gegenforderungen, die das Mäzenatentum in Mißkredit bringen – denn es sind die Protagonisten der Eitelkeit, welche die öffentliche Diskussion bestimmen, und nicht die stilleren Förderer der Kunst. Ein extremer Fall war etwa die Forderung des Kunstsammlers Armand Hammer, die Namen aller anderen Spender aus der Museumsetage, die seine Sammlung aufnehmen sollte, zu entfernen, eine Forderung, der sich das Museum versperrte. In den USA gab auch die Forderung, mit der Kunstsammlung gleich die ganze Wohnungseinrichtung des Stifters oder gar eine komplette Kopie seines Hauses auszustellen, Aufschluß über die sonderbare Sehnsucht des Mäzens nach einem biographisch geprägten Denkmal. In der europäischen Tradition ist die Biographietauglichkeit von Lebensläufen diesseits der Heiligenlegenden lange Zeit den Mächtigen der Politik und den Genies der Kunst vorbehalten gewesen. Das bürgerliche Mäzenatentum ist auch als ein Anspruch zu verstehen, sich ohne politischen Ruhm und künstlerisches Genie das Anrecht auf eine Biographie zu erwerben – eine Profanierung der Genie-Ästhetik.

Der Mäzen als Charakterdarsteller. Es bedürfte nicht eines allgemeinen Ansehensverfalls des Mäzenatentums, um den Begriff auch grundsätzlich in Zweifel zu ziehen. Die Unschärfe einer Verwendung, die Förderer, Sammler und Stifter gleichermaßen umgreift, aber selten ganz, ist keine zufällige. Man muß den Verdacht haben, daß der Begriff von vornherein eher einer wohligen Fiktion der bürgerlichen Gesellschaft gegolten hat denn einer sozialen Realität, und daß mit dem Mäzenatentum immer schon weltfremde Vorstellungen von selbstlosem Verantwortungsbewußtsein verknüpft wurden, die durch kaum ein historisches Beispiel zu rechtfertigen sein dürften. Eine *Begriffsgeschichte* müßte das Datum ausmachen können, an dem die bürgerliche Kunstgeschichtsschreibung sich den klerikalen und feudalen *Gebrauch* der Kunst zur großherzigen und selbstlosen *Förderung* umdichtete. Sie folgte darin dem Impuls des Bürgertums, in der Förderung der Kunst ein Ziel in sich selbst zu erblicken, zu dessen Realisierung die bürgerliche Gesellschaft ja in der Tat Bemerkenswertes beigetragen hat. Doch hat sie es zu Unrecht ideologisiert, indem sie das ihr eigene Ideal des Umgangs mit der Kunst rückwirkend auch auf Epochen und die Motive gesellschaftlicher Gruppen projizierte, deren Interessen an der Kunst man sich anders gelagert vorstellen muß. Es gehört zu der großen „Ästhetisierung der Kunst", die das 19. Jahrhundert vollzogen hat, das bürgerliche Ideal eines mäzenatischen Umgangs mit der Kunst auch vorhergegangenen Epochen zu unterlegen, zu denen es nicht paßt. Martin Warnke hat ausführlich dargelegt, wie ambivalent die Beschäftigung bei Hof von den Künstlern gesehen und erlebt worden ist, und wie unterschiedlich die Verhältnisse waren, die im nachhinein auf den Nenner eines höfischen Mäzenatentums gebracht worden sind. Seine Untersuchung über die „Hofkünstler" gibt Anlaß, mit dem Begriff des Mäzenatentums ähnlich sparsam umzugehen, wie es in Warnkes Buch bereits geschieht.[5]

Doch unabhängig davon, wie irreführend und unhistorisch die bürgerliche Gesellschaft sich diesen Begriff zurechtgelegt haben mag, hat er in dem Maße eine historische Wahrheit erworben, wie er „Nachahmer" inspirierte. Neben dem historisch-kritischen Begriff des Mäzenatentums, der jede falsche Stilisierung zu entlarven hätte, besitzt daher der idealistische Begriff eine historische Bedeutung in den Folgen, die er angerichtet, begünstigt oder beschönigt hat. Es reicht also nicht, Herkunft und Schicksal des unscharfen Begriffs des Mäzens zu rekonstruieren, es gilt auch die Hartnäckigkeit zu erklären, mit der sich das zugehörige *Rollenbild* bis in unsere Tage erhalten hat.

Darin hat man eine Reaktion auf die Vermarktung der Kunst zu erblicken, die dem Bürgertum zwischenzeitlich ja glänzend gelungen ist, ohne daß es darauf sonderlich stolz wäre. Im Gegenteil, nirgendwo dünkt ihm der Profit unästhetischer als im Bereich der Kunst. Man kann in der Figur des Mäzens ein Traumbild der bürgerlichen Gesellschaft erblicken, dem nur mit einer historischen Neurosenlehre beizukommen wäre, die nicht einem Unbehagen in der Kultur, sondern in der Marktwirtschaft nachzuspüren hätte. Bürgerliche Kulturpolitik läßt sich nämlich auch als Abwehr der traumatischen Erkenntnis betrachten, daß die Vermarktung der Kunst kaum eines der ursprünglichen ästhetischen Ideale eingelöst hat. In dieser Erkenntnisabwehr spielt die Figur des Mäzens eine zentrale Rolle. Er steht für verschiedene Reinigungsrituale, die in der Marktwirtschaft mit einer Art geistigem Waschzwang absolviert werden. Die geringeren sind die persönlichen Reinigungen, die in der Kunstförderung die Herkunft des Reichtums aus der eigensüchtigen Kalkulation und dem Mehrwert verdrängen, und einen Teil davon demonstrativ zu einer sozialverantwortlichen Manövriermasse veredeln. Das wichtigere Reinigungsritual ist das gesellschaftliche. Es besteht darin, daß die Kunst nach einer Frist, während derer sie sich – zur Ware herabgewürdigt – auf dem Markt bewegen muß, vom Sammler ausgelöst und vom Stifter in das Kulturgut zurückverwandelt wird, das schon der Künstler hergestellt zu haben meinte. Der Mäzen ist eine *Transformationsfigur des Marktes,* weil er in der Warenwirtschaft die Grenze zur Exklave der Kulturgüter bewacht und den Übergang der Ware zauberisch bewerkstelligt. In der bürgerlichen Gesellschaft hat sich Mäzenatentum immer auch als kompensatorische Leistung verstehen müssen, nämlich darin, die Folgen der Vermarktung der Kunst auszugleichen und zu mildern. Diese Kompensation bezieht sich traditionsgemäß auf den Künstler und seine Lebensumstände; ihr Ziel ist es, ihn vor der unwürdigen Abhängigkeit vom Markt zu bewahren. Doch gibt es auch eine andere kompensatorische Tradition, welche den öffentlichen Kunstbesitz im Auge hat und zwischen den hohen Marktpreisen und den kleinen Ankaufsetats ausgleicht. In ihr hat sich ein neuer, spezifisch bürgerlich-demokratischer Typus des Mäzens entwickelt, für den Ludwig steht.

Wenn aber die Leistung des Mäzens in der bürgerlichen Gesellschaft darin bestand und besteht, die Vermarktung entschärfen, ja, scheinbar rückgängig machen zu können, dann hat er gerade dadurch größte Bedeutung für den Erfolg der Vermarktung. Denn natürlich handelt es sich beim Sammeln und Stiften im großen Maßstab um eine *conspicious consumption,* worin man Thorstein Veblen zustimmen darf, ohne sein bereits von Adorno kritisiertes Menschenbild übernehmen zu müssen.[6] Eher wäre das genau entgegengesetzte Menschenbild Georges Batailles in diesem Zusammenhang angemessen, der die demonstrative Verschwendung zum Inbegriff der Kultur, ja der Menschenwürde erhoben hat.[7] Der Stifter wird durch seinen „demonstrativen Verbrauch" zum idealen Konsumenten, und zwar nicht allein wegen der Menge der erkauften Waren und ihrer Rückverwandlung in Kulturgüter, sondern auch durch den Nachweis eines ungebrochenen Gebrauchswertes der Kunst, durch den *personifizierbaren* Umgang mit ihr. Der Mäzen ist einer der letzten Säulenheiligen bürgerlicher Kunstreligion, nachdem schon die Künstler als Warenproduzenten kaum noch den kulturellen Schein wahren. Der Mäzen erlaubt noch den Glauben an die kulturelle Sublimierbarkeit des Tausches auf dem Kunstmarkt und trägt gerade dadurch zum Gedeihen des Marktes bei.

Wo man solche Säulenheiligen verehrt, hat der Soziologe auch nach den Verteufelten Ausschau zu halten, und die sind schnell gefunden. Es sind die Kunsthändler. Ihr Ansehen ist in der bürgerlichen Gesellschaft umgekehrt proportional zu dem des Mäzens. Ihre Diffamierung hat eine lange Tradition, und die ist noch nicht beendet, wenn auch zum Glück nicht mehr von solch tödlicher Bedeutung wie zwischen 1933 und 1945, als die Aktion „Entartete Kunst" maßgeblich den jüdischen Kunsthändlern galt. Noch heute meint man, in der landläufigen Beurteilung des Kunsthändlers antisemitische Untertöne zu vernehmen, auch wenn der Handel aus den bekannten Gründen hierzulande längst in andere Hände übergegangen ist. Ja, es gehört zur bürgerlichen Neurosenlehre auch die Verdrängung der Tatsache, daß nicht die Sammler, Stifter und Mäzene die wichtigsten und verläßlichsten Förderer der künstlerischen Moderne waren und sind – und auch nicht die Kritiker und erst recht nicht die Kunsthistoriker –, sondern vor allem die Händler. Denn sie schaffen, halten und vergrößern die Märkte, auf denen die Kunst die Profite einspielt, von denen dann auch die Künstler leben können – nicht alle freilich, die sich zu Recht oder Unrecht dafür halten. Das beständige Lamento jener Künstler, die vom Markt nicht leben können, hat nicht die längst fällige Erkenntnis befördert, daß der Markt für Kunst eben nur ein winziger Bezirk des riesigen Marktgeschehens ist, auf dem sich einfach zu viele Anbieter drängen. Es hat vielmehr das schlechte Gewissen der bürgerlichen Gesellschaft, den Künsten trotz bester Absichten letztlich doch nicht gerecht geworden zu sein, auch in der Nachkriegszeit wachgehalten. In der Tat hat man angesichts der Kunstvermarktung der Nachkriegszeit keinen Grund, von einer „sozialen" Marktwirtschaft zu sprechen. Im Kunstgeschäft herrschen Sitten, die selbst einen Ludwig Erhardt entmutigt hätten, an sein Programm weiterhin zu glauben. Zwar greift der Staat inzwischen auch hier ausgleichend ein – durch die Künstlersozialversicherung etwa –, doch bleibt der Widerspruch zwischen den kruden Sitten der Vermarktung und dem hohen kulturellen Rang der Ware ohne Erlösung. In dieser Legitimationslücke des Kulturmarktes wird die Traumfigur des Mäzens angesiedelt. Sein Auftreten ergänzt das Erscheinungsbild des Kunsthandels zur sozialen Marktwirtschaft, weil ihm all die edlen Motive einer selbstlosen Kunstliebe und Sozialverantwortung unterstellt werden können, derer der Markt sich in der Tat nie verdächtig macht.

Zwischen Markt und Depot

Das überfrachtete Museum

Als Gerhard Bott 1971 den Sammelband „Das Museum der Zukunft" herausgab, plädierten zahlreiche Autoren dafür, einer Institution aus ihrem kulturpolitischen Schattendasein zu verhelfen, die im Ruf stand, langweilig, schlecht besucht und überholt, eben museal zu sein.[1] Keiner der Fürsprecher mag damals geahnt haben, wie bescheiden sich ihre Forderungen schon bald angesichts einer „Gründerzeit für Museen" ausnehmen sollten, die Heinrich Klotz nur acht Jahre später, auf den „5. Dortmunder Architekturtagen", ausrufen konnte. Schon in Dortmund wußten Spötter zu sagen, was Architekten hierzulande an der herbeigeredeten Konjunktur interessieren mußte: Fast alle im Krieg zerstörten Kirchen waren zwischenzeitlich durch Neubauten ersetzt worden; es mangelte an einer Bauaufgabe, die funktional ebenso unterdeterminiert war wie der Kultbau und somit einen prestigeträchtigen Spielraum für Phantasie und Experimentierfreude bieten konnte. Inzwischen haben viele der namhaften Baumeister der Gegenwart ein Museum ihrer Handschrift erstellt, und manchen Bauherren wurde zu spät erst klar, daß Ausstellungsgebäude doch komplexeren Funktionen entsprechen müssen, als es der Wille zur Form sich bisweilen zurechtlegt. Die Fülle von Museumsneubauten und -erweiterungen hat nicht nur die Stimmung der Architekten gehoben. Als Nutznießer gelten auch Kulturpolitiker und Sammler, die sich kaum ein attraktiveres Denkmal setzen können, vor allem aber die Besucher. Sie sind in unvorhersehbaren Scharen den Umleitungsempfehlungen jener „Freizeitgesellschaft" gefolgt, in deren Erwartung das „Museum der Zukunft" beschworen worden war; sie bilden, wie Hugo Borger, ein anderer Vordenker der Gründerzeit, bereitwillig konzediert, die „eigentlichen Kraftströme" der Museumskonjunktur.[2]

Apokalypse. Ihr Heereszug durch die Fußgängerzonen der Kultur hat ein neues intellektuelles Genre entstehen lassen, eine Museums-Apokalyptik, die sich der vielen flüchtigen Begegnungen mit den ewigen Werten annimmt. Es scheint, als erlebten die Dinge, lange nach den Menschen, ihre Sintflut heute in den Museen: Treibgut im Kielwasser der Wanderausstellungen, umspült von anschwellenden Besucherströmen, überschwemmt von allfälligen Kommentaren, zerschellt in den retinalen Bruchstücken zahlloser flüchtiger Musterungen. Wer etwa mehrfach vergeblich versucht hat, eine Mark-Rothko-Ausstellung über die Köpfe desinteressiert herumwuselnder Schulklassen hinweg zu betrachten oder mit dem sonoren Klang unentrinnbarer pädagogischer Aufklärung im Ohr, versteht, warum sich der Demokratisierung des Museums durchaus auch katastrophale Folgen nachsagen lassen.

Wie leicht wäre ihnen abzuhelfen! Es würde reichen, an einem Tag im Monat das Eintrittsgeld auf 20 Mark, den Preis einer billigen CD, heraufzusetzen, um Museumsbesuche in einem klassischen, scheinbar dem Aussterben geweihten Sinn zu ermöglichen. Und es wäre dann wohl auch nicht zuviel verlangt, analog zu autofreien Sonntagen auf einem sprachfreien Wochentag zu bestehen, der dem Besucher jenen Resonanzraum der Stille gönnt, der nicht nur der abstrakten Moderne bekommt. Wer solche ergrimmten Museumsträume für intellektuellen Snobismus hält, mag recht haben. Solche Klagen lassen sich ohnehin nur von jenen vorbringen, die den Ködern des Booms gerne auf den Leim gehen: Es sind die spektakulären Wechselausstellungen, mit denen die Museen ihre traditionellen Arbeitsfelder erweitert und ihre Finanzierungschancen erhöht, aber ihre kleine und sensible Stammkundschaft verprellt haben. Diese darf sich in elitären Dünkel flüchten, denn anders ließe sich die Erinnerung daran kaum noch aufrechterhalten, um welcher Besuche willen Museen überhaupt erfunden und ausgebaut worden sind. Ohnehin ist die Invasion nur ein Phänomen der Metropolen, die Museumsprovinz ist immer noch bewohnbar, und sie ist unendlich viel größer als die Paläste der Metropolen, welche die Kurzmeldungs-Landschaft der Feuilletons beherrschen. Schon wenige Kilometer abseits der Trampelpfade kulturkameralistischer Realpolitik lassen sich Museen finden, die nicht weniger interessant, aber viel weniger besucht, ja fast leer sind. Und auch in den Metropolen kehrt häufig die Ruhe wieder ein, wenn ein paar Leihgaben zurückgegeben wurden und der größte Teil einer spektakulären Ausstellung als gewohnter Museumsbestand nur noch einen kleinen Bruchteil der Besucher anlockt, wie in Madrid mit Velázquez oder in Amsterdam mit van Gogh geschehen.

Museumspalaver. Neben dem apokalyptischen gedeiht aber noch ein eher beschwingtes Genre des Museumspalavers, nämlich das akademische. Gegenwärtig kann man als weltläufiger Gelehrter kaum eine Talentprobe seines Milieus bestehen, ohne mit einer originellen These zum Museum aufzuwarten. Der Museumsboom hat eine Institution ins Zentrum des Diskurses gerückt, deren Theorie sich lange Zeit noch weniger Aufmerksamkeit erfreute als ihre Praxis. Damit hat es inzwischen ein regalmeterlanges Ende. In den achtziger Jahren erschienen anspruchsvolle Essays wie Krzysztof Pomians „Der Ursprung des Museums" und tiefsinnige Aufsätze über die „Ruinen des Museums"; das „Zeitphänomen Musealisierung" wurde bestaunt und kurzerhand „Die Welt als Museum" ausgegeben.[3] Eine Buchreihe hat sogar den laufenden Titel „Museum der Museen", und die ersten Bildbände liegen auf, in denen Architekten mit ihren Museumsprojekten renommieren.

Auf ausländischen Buchmärkten reüssiert das Thema ebenfalls und signalisiert internationale Relevanz: In Kanada erschien „Museums by artists", in Holland „L'Exposition imaginaire", in England „The New Museology" und „The Museum Time Machine", von dem Australier Donald Horne das Buch „The Great Museum" – man sieht, Bescheidenheit ist angesichts dieses aktuellen und umfassenden Themas nicht angesagt.[4] Als „Generators of Culture" werden die einst der Lethargie verdächtigten Anstalten gleich im „Post-Pompidou-Age" angesiedelt, und in der Tat hat 1977 die Eröffnung des Pariser Monstrums die europäischen Museumsphantasien mindestens ebenso beflügelt wie knapp zweihundert Jahre zuvor die Öffnung des Louvre.[5]

Viele der Publikationen kommen als Sammelbände daher, und dem Gegenstand sind Sammelbände angemessen. Wer könnte sich anmaßen, das gesamte Themenfeld zu überblicken und sachlich zu vertreten? Aus zahlreichen Mosaiksteinen erst ließe sich ein so komplexes Bild zusammensetzen, wie es das Museum als weltweite Institution unterschiedlichster Sammlungsgebiete und Zielsetzungen inzwischen bietet. Doch ist der vorherrschende Ton ein anderer, denn auch bei diesem Thema liegt der größte rhetorische Reiz, wie stets, in der Vereinfachung: Die merkfähigen unter den kursierenden Thesen sind jene, die sich auf *das* Museum beziehen, um ihm pauschal eine besonders denkwürdige Zuständigkeit nachzusagen, sei es als Instanz der Melancholie oder der Verfremdung, als Garant der Objektmagie oder einer historischen Aufklärung, als Gesamtkunstwerk oder Gattungshöhle, als Kompensation für moderne Kulturnervosität oder als Entsorgungspark der ausgebrannten Dinge.

Solche Thesen, so fragwürdig sie in ihrer Einseitigkeit auch sein mögen, können nicht den Beschwichtigungsreflex der zuständigen Fachwissenschaft auslösen. Dort gilt als inzwischen allseits beklagter Mangel, daß es keine Museumsgeschichte gibt, welche die heute relevanten Fragen zuverlässig, kompakt und stringent beantwortet. Nicht einmal die Sprachgrenzen sind in der Abhandlung dieses grenzüberschreitenden Phänomens aufgehoben worden. Angesichts solcher Ausfälle darf man sich an die kursierenden Verallgemeinerungen mit derselben Wonne verlieren wie ihre Urheber: Sie fügen bestimmte Züge des Museums in das große Mosaik ein, aus dem sich erst ein Bild dieser unübersehbar reich differenzierten und weit verstreuten Institution ergeben könnte.

Sanierung. Doch ist dieses Mosaik schon vor seiner Vollendung dabei, in den Farben zu verblassen. Denn die kategorische Rede über *das* Museum ist die theoretische Kehrseite eines Prozesses, der den Artenreichtum des Museums auch in der Wirklichkeit vernichtet – sie ist unfreiwillig symptomatisch für den Abschied von einer bislang verbürgten, topographisch und historisch differenzierten Vielfalt. International ist nämlich eine durchgreifende Standardisierung des Museumswesens zu beobachten: Wissenschaft und Pädagogik, Bürokratie und Tourismus sorgen für die kulturelle Angleichung, ökonomische und politische Einflußnahmen für eine zivile Nivellierung.

Deutlichstes Indiz der Umwälzung sind Museumshandbücher – „Professionalising the Muses“ heißt eines witzig und treffend –, die eine qualitative Normierung des Ausstellungsalltags bewirken wollen, propere Benimmbücher des grassierenden Exhibitionismus.[6] Bei allen formalen Differenzen sorgen auch die vielbeachteten Museumsneubauten für ein neues, keimfreies Vokabular des Musealen, das sich bald auch auf die traditionellen Nischenmuseen, die kleinen, meist kuriosen Heimat- und Spezialmuseen ausdehnen wird: Das Museum wird international saniert und dadurch erst zu jener allgemeinen Erscheinung, über die sich auch allgemeine Thesen aufstellen lassen.

Leidtragende sind nicht zuletzt die Mitarbeiter der Museen. Die Instrumentalisierung ihrer Häuser für die kulturpolitische Imagebildung verordnet ihnen Publikumserfolge als vermeintlichen Nachweis einer Demokratisierung von Kultur. Ausstellungen, die nicht zugleich auch Medienereignisse sind, finden immer weniger Sympathien bei Geldgebern und Sponsoren. Der Souveränität der Museumsdirektoren werden offenbar immer engere Grenzen gezogen. Wie soll man es anders deuten, daß bereits im Vorwort des schönen Buches „Die Kölner Museen“ ihr scheidender Generaldirektor seine Bannflüche einer Bürokratie entgegenschleudert, deren Machtübernahme er in überraschender Schärfe, aber vermutlich vergeblich beklagt?[7] Die Graue Intelligenz durchsetzt mit schleichendem Erfolg auch die exzentrischen Residuen des Geistes, entmutigt ihre Bewohner und bringt selbst die Vergangenheit unter eine flächendeckende Dienstaufsicht – wohl kaum ein Museumsdirektor, der darüber nicht zu klagen wüßte. Womöglich war die Konjunktur der Sponsoren auch von dem Wunsch getragen, einmal mit anderen Geldgebern Umgang zu pflegen als stets den anmaßenden Schleusenwärtern der Haushaltstitel. In der Festschrift, die zahlreiche Autoren Borger zum Abschied gewidmet haben, bringt auch Siegfried Salzmann seine Abrechnung mit der Bürokratie vor – es muß zu denken geben, wenn es offenbar nur die Veteranen zu wagen scheinen, dieses Thema öffentlich anzuschneiden.[8]

Wie immer die politische Einflußnahme aussehen mag, das Berufsbild des Museumsleiters ist dabei, sich tiefgreifend zu ändern. Marketingkenntnisse, Managementerfahrungen und Geschick für gepflegtes *fund raising* sind für den Kulturbetriebswirt vonnöten; eine dickfellige Bürokratietoleranz, das Fahrtenschwimmerzeugnis in allen Strudeln des *mainstream* und kantenlose Eleganz empfehlen den Museumsleiter der Zukunft. Der forschende Museumsdirektor, einst eine zentrale Personifikation bürgerlicher Kulturemphase, wird keine Zukunft haben, ebensowenig der quirlige Anwalt der Moderne, den die Politiker im Zweifel gewähren ließen, um nicht als Banausen dazustehen. Denn der gutgemeinte kulturpolitische Aufbruch der sechziger Jahre ist dabei, in eine gutgelaunte Rehabilitierung des Banausen zu münden, dessen demokratische Rechte schon überall geltend gemacht werden: das Museum wird Teil der Dienstleistungsgesellschaft.

Fortschrittliche Beobachter mögen sich damit trösten, dabei werde den Museen nur ihr sprichwörtlicher Muff – ein vordemokratischer Bildungsdünkel und ein vorindustrieller Objektkult – ausgetrieben, während Bestände wie Besucher besser zur Geltung kämen. Andere werden bedauern, daß gegen diese Uniformisierung der Museen kein Kraut gewachsen ist, nicht mal ein ausgestorbenes. Gerade auf dem Höhepunkt seiner Entwicklung und Verbreitung ist das Museumswesen dabei, vormals erkennbare regionale, nationale und zufällige Verschiedenheiten zu verlieren, denen nachzutrauern sicherlich nostalgisch, die ehrenvoll zu verabschieden jedoch geboten wäre.

Das Museum als Metapher. Mit dieser Differenzierung ist jedoch nicht zu rechnen, und das hat einen modischen Grund: Das Museum ist eine intellektuelle Metapher der Gegenwart, wie die Revolte eine der sechziger Jahre war, so lüstern kristallisieren sich

Spekulation und Analyse, Beschwörung und Theorie um diesen Themenkern, so sehr reizt es die intellektuelle Poesie. Wie konnte es dazu kommen? Sind es nicht die Generationsgenossen der Wunschrevolte, die sich nun auf das Museum werfen? Ist es ein Symbol ihrer enttäuschten Hoffnungen, das sie im Museum ausmachen, ein Bild des Stillstands und der Desillusionierung, der historischen Trägheit und des ästhetischen Beharrungsvermögens? Oder suchen sie, inmitten einer Gesellschaft des universalen und ruhelosen Warenverkehrs, im Museum ein befestigtes Reservat der Dinge, eine exterritoriale Enklave der Menschlichkeit im Umgang mit ihnen? In der Tat muß angesichts der allgemeinen Vergeudung von Ressourcen das konservative Branchenbekenntnis „Sammeln, Bewahren, Ausstellen" nachgerade revolutionär klingen. Oder ist es ein letzter Blick zurück, der momentan auf dem Museum ruht, elegisch wie von der Reling eines Schiffes, das vom sicheren Hafen ablegt, um einen riskanten Geschwindigkeitsrekord auf hoher See aufzustellen? Es müssen jedenfalls mehr als nur vernünftige Gründe im Schwange sein bei der gegenwärtigen Museumskonjunktur, anders ließe sich die Vielstimmigkeit der intellektuellen Intonierung dieses Themas nicht erklären.

Gegen die Vereinfachung des Museumsgedankens hat es in den letzten beiden Jahrzehnten immer geholfen, sich genauer anzusehen, wie Künstler mit dem Museum umgehen. Auch hierin erlebte das Museum einen Boom. Daniel Spoerri und Marcel Broodthaers, Claudio Costa und Christian Boltanski, Eduardo Paolozzi und Claes Oldenburg haben seit Ende der sechziger Jahre auf vielfältige Weise das Museum zum Bezugsrahmen von Arbeiten gewählt, die verraten, wie fasziniert die Künstler von den Sonderbarkeiten des Museumswesens im Zeitalter seiner Standardisierung sind.[9] Gerade Broodthaers ist mit seinen durchtriebenen Kommentaren im zweiten Jahrzehnt nach seinem Tod noch immer einer der maßgeblichen Künstler. Hat er der heutigen Generation mehr zu sagen als sein Antipode Beuys, dessen Nachwirkung sich auf das eigene Werk zu beschränken scheint? Oder ist die Aktualität des Museums nur ein vorübergehendes Zögern des Zeitgeistes, bevor auch die Kunst sich den

Entwicklungen anschließt, welche die Zukunft dominieren dürften: Digitalisierung und Bildschirmpräsenz, Datengleichheit und elektronische Pflichtgeschwindigkeit? Noch ist die *ars electronica* trotz zahlreicher Vordenker eine Randerscheinung sowohl des Kunstmarktes wie des Ausstellungsbetriebs, noch fasziniert das Museum im Rückblick wie ein vorsintflutlicher und träger Computer, der – ein Dinosaurier unter den Zeichenmaschinen – bald daran zugrunde gehen muß, statt freischwebender Daten unbedingt die Dinge selbst miteinander kombinieren zu wollen. Wie unter dem Bann eines drohenden Abschieds ziehen Künstler heute in ihren Fotografien eine Museumsbilanz: Louise Lawler mit lakonischen Konfrontationen von Kunst und (Museums-)Alltag, meisterhaften Aperçus, bei denen die Kunst meist verliert, jedenfalls fast stets verloren aussieht; Richard Ross mit musealen Stilleben vor und hinter der Fassade der Schauräume; Thomas Struth mit bevölkerten Museumsräumen.[10] Sie haben teil an der gegenwärtigen Stimmung, die im Museum ihre Metapher sucht und nur ein Emblem ohne Gebrauchsanweisung findet.

Wenn das Museum bislang eine metaphorische Bedeutung für die Gesellschaft besitzen konnte, die es unterhält, dann wohl vor allem in seinem souveränen Umgang mit der Masse der ins Leben gerufenen und daraus wieder entlassenen Dinge, in der Kontrastierung der sinnlosen Menge mit einer sinnstiftenden Auswahl. Die Erfahrung einer unendlichen, omnipräsenten und fast erdrückenden Fülle im Reichtum der westlichen Industriegesellschaften ist es doch, die dem Zeitgenossen zu schaffen macht, sei es im Konsum von Waren oder von Medien. Es ist eine Überschwemmung der Dinge und Erlebnisse, die in einen Rausch permanenter Abwechslung versetzt, demgegenüber das Museum bislang seine spröde Reserve vor der Gegenwart monumentalisierte. Bleibt es ein Modell dafür, wie man täglich mit der Fülle umgeht, sie reduziert und überlebt, oder reift es zu einer weiteren Metastase des Völlegefühls heran?

Inmitten der Überproduktion, die auch die Kulturgüter inzwischen in einem Ausmaß betrifft, daß man sich aus der klassischen intellektuellen Aufgabe, den Überblick zu behalten, schon längst verabschieden mußte, stand das Kunstmuseum als Instanz einer souveränen Auswahl und Aneignung bislang wie der sprichwörtliche Fels in der Brandung. Doch diese Souveränität droht ihm abhanden zu kommen. Dafür sind mehrere Gründe erkennbar. Zunächst hat die *Dimensionierung der Kunst* inzwischen auch auf dem europäischen Kunstmarkt jene Größenordnung erreicht, die in den USA der fünfziger und sechziger Jahre vorgeprägt worden ist, als Künstler wie Pollock oder Rothko auf die hohen Wände der Museumsneubauten oder eigens erstellter Ausstellungshallen hin zu malen begannen. Es scheint ein periodisches Gesetz des Museumswesens zu sein, daß sich die Formate der einzelnen Kunstwerke proportional mit dem Anwachsen der Ausstellungsflächen vergrößern, wobei sich der Platzanspruch der Kunst insgesamt vervielfacht, wenn sich die zur Verfügung stehende Hängefläche nur verdoppelt – das Malthus'sche Gesetz des Museumswesens. Die großen Formate, die heutige Künstler meinen ausfüllen zu müssen und zu können, werden gleich im Blick auf das Museum angefertigt – unter Mißachtung der Sammlerwohnung, die für die Durchsetzung der Klassischen Moderne von entscheidender Bedeutung war und ihr die intimen Formate diktierte, die heute so anrührend authentisch wirken.

Zwangsläufig müssen mit diesem Formatwucher auch die Depots wachsen, die „Schwarzen Löcher“ am Firmament der strahlenden Kulturgüter. Das Geheimnis der ungebrochenen Strahlkraft des Museums waren bislang diese eingebauten Schwerkraftfallen. Dort konnte verschwinden, was sich allen Prognosen zum Trotz vor den Augen der Nachwelt nicht bewährte, dort konnten die wenigen von der Geschichte später begünstigten Fehleinkäufe ihrer überraschenden Wiederentdeckung entgegendämmern. Aus dem Depot droht die eigentliche Invasion des Kunstmuseums, denn seit der Eröffnung des Musée d'Orsay ist die Grenze fließend geworden zwischen dem historischen und dem ästhetischen Aufklärungsanspruch des Kunstmuseums. Dort ist bekanntlich das 19. Jahrhundert in einer Breite vorgestellt worden, über die deutsche Museen auch verfügen könnten, nur daß sie das meiste verschämt im Depot belassen. In Paris ist dieser ästhetischen Leugnung der historischen Wahrheit des 19. Jahrhunderts demonstrativ zuwidergehandelt und damit ein Revisionismus des Kunstmuseums eingeläutet worden, der die Schleusen der Depots weit öffnen könnte. In Deutschland hat sich Werner Hofmann schon früh für eine solche Lockerung der Verhältnisse eingesetzt. Diesem Einsatz verdankt unsere heutige Sicht der Kunst des 19. Jahrhunderts entscheidende Impulse. Doch stellt sich zugleich die schwierige Frage, wie sich die *Öffnung der Depots* vollziehen lassen soll, ohne den Preis ästhetischer Relativierung zu zahlen.

Zwischen Markt und Depot kann das Kunstmuseum ja nur dann in Krisen der Auswahl geraten, wenn gültige Kriterien ihre Plausibilität einzubüßen beginnen. Nun sind solche Auswahlkriterien historisch schwer zu fassen, und in der föderalistischen Kulturlandschaft der Bundesrepublik ist ohnehin eine Vielfalt von persönlichen, regionalen und institutionellen Voraussetzungen gegeben. Die Gegner der modernen Kunst hatten zwar durchaus recht mit der Behauptung, daß der Markt mit seiner Vorauswahl und Propagierung einzelner Künstler dem Museum bereits in die Hände arbeite (unrecht allerdings mit ihrer Unterstellung, daß dabei nur Schaden angerichtet würde), doch kommen spezifische Entscheidungsprozesse hinzu, bevor ein Kunstwerk in das Museum einziehen kann.

Konkurrenz. Es sind vor allem Entscheidungen von Personen. Im Ideal der *Souveränität des Museumsdirektors* waren bürgerlicher Individualismus und ästhetische Subjektivität maßgeblich personifiziert. Seine politische Legitimation war aber nicht eine ideologische, sondern die einer wissenschaftlichen Qualifikation, das oberste Rangabzeichen ästhetischer Kompetenz – vielleicht nicht ganz zu Recht. Denn in fruchtbarerer Konkurrenz als zu den Bürokraten stand der Museumsdirektor schon lange zum Kunstsammler und -stifter. Gilt jener als Instanz des historischen, so dieser als eine des leidenschaftlichen Urteils. Ihr Zusammenspiel durchzieht die Museumsgeschichte in ihrer bürgerlichen Ära.

In dieser Konkurrenz verschieben sich inzwischen jedoch auch die Gewichte. Sammlermuseen, deren Bestände sich weder kommunaler Finanzierung verdanken noch der Prägung durch eine lokale Sammlungstradition, beginnen den öffentlich-rechtlichen Museen den Rang abzulaufen, was die publikumswirksame zeitgenössische Kunst angeht. Sie können flexibler auf Einschätzungsschwankungen reagieren und sich auf private Ressourcen gründen, denen gegenüber sich die Ankaufsetats der öffentlichen Hand vergleichsweise lächerlich ausnehmen. Für diese Entwicklung war die Leihgaben- und Stiftungspolitik Peter Ludwigs hierzulande von wegweisender Bedeutung, nicht durchweg rühmlich übrigens. Daß in kurzer Zeit bereits zwei Direktoren des „Museum Ludwig" im Konflikt mit ihrem Patron geschieden sind, deutet an, welche Kompromisse zwischen Stifter, Politik und Verwaltung auf dem Rücken der berufenen Leiter ausgetragen werden und das Ansehen ihrer Stellung in Mitleidenschaft ziehen.

In anderer Hinsicht hat Ludwig die Souveränität des Kunstmuseums grundsätzlich in Frage gestellt, nämlich durch seine unsägliche Kampagne für die Museumswürde Arno Brekers. Sie war nicht nur ein Angriff auf das Ansehen der Museumsdirektoren, die in der denkwürdigen Bemerkung gipfelte, Museumsdirektoren seien halt „eine Berufsclique wie viele andere auch, und wenn da einer etwas nicht macht, dann machen es alle nicht".[11] Tatsächlich galt sie einer stillschweigenden Übereinkunft, die zur ästhetischen Grundausstattung der Bundesrepublik gezählt werden durfte, nämlich der, dem Klassiker des nationalsozialistischen Rassismus, dessen Vermarktung übrigens in der Nachkriegszeit nie behindert worden ist und glänzend funktioniert hat, die museale Anerkennung vorzuenthalten – was angesichts der dürftigen Qualität seines Kitschklassizismus wohl nie eine sonderlich quälende Entscheidung war. Was sich Ludwig als Cliquenwirtschaft darstellte, bildete in Wahrheit einen markanten Restposten jener Schnittmenge von Ethik und Ästhetik, in der das Museum historisch angesiedelt ist. Ihre Verknüpfung war lange dabei hilfreich, die historische und ästhetische Auswahl der Kunst zu fundieren, doch gehört auch sie offenbar zu den

Grundlagen des Kunstmuseums, die mit seinem Wachstum zur Disposition gestellt werden. Die Aufgabe des Kunstmuseums, aus den Anmaßungen des Marktes, den Einflußnahmen der Sammler, den Zumutungen der Bürokratie und den Einreiseanträgen aus den Depots eine gesellschaftlich verbindliche Essenz zu reduzieren, wird jedenfalls nicht einfacher.

Markt und Gedächtnis

Die Malbarkeit der Geschichte
Westdeutsche Nachkriegskunst

Die westdeutsche Nachkriegskunst ist ins Gerede gekommen, allerdings – historisch gesehen – erst kürzlich. Lange Zeit hat sich kaum jemand für sie interessiert. Sie galt nie als eine heroische Periode der Moderne, und in die öffentliche Diskussion geriet sie daher auch eher beiläufig, nämlich anläßlich eines politischen Gedenktages.

Am 8. Mai 1985 hielt Günter Grass in der Westberliner Akademie der Künste seine umstrittene Rede zum 40. Jahrestag der deutschen Kapitulation. Unter dem Titel „Geschenkte Freiheit" resümierte er, wie sich die Deutschen nach der Niederlage des Nationalsozialismus eingerichtet hatten. Die Rede wurde in der *Zeit* abgedruckt und löste eine kurze, aber heftige Debatte aus: Grass hatte mit einigen abfälligen Bemerkungen, wie er meinte, „ein Tabu verletzt", indem er der westdeutschen Nachkriegskunst vorwarf, zur Verdrängung der Erinnerung an den Nazi-Terror und die Schrecken des modernen Krieges beigetragen zu haben: „Als ich im Januar 1953 als junger Bildhauer nach Berlin kam, liefen die Künste Gefahr, ins Unverbindliche abzudriften. (. . .) Von all dem Häßlichen, das man glücklich hinter sich zu haben meinte, sollte möglichst nichts zu erkennen sein. Chiffren, ja. Ornamente, gewiß. Auch Materialien, Strukturen die Menge, die reine Form. Nur Überdeutliches nicht, nichts, das als Bild schmerzte. Kein Dix, kein Kirchner, kein Beckmann zwang das erlebte Grauen ins Bild."[1]

Das ist in der Tat eine befremdliche Bilanz. Sollte es stimmen, daß die Künstler in der Nachkriegszeit schon früh die Erfahrung des Nationalsozialismus aussparten, wo doch die moderne Kunst selber auch Opfer der Tyrannei gewesen war? Und kann es wahr sein, daß der Zweite Weltkrieg unter den westdeutschen Künstlern nur eine in Umfang und Qualität geringe Resonanz fand, während der Erste die teilnehmenden Künstler doch tief erschüttert und eine Reihe von Œuvres entscheidend geprägt hatte – bis in die Jahre hinein, als der Zweite bereits vorbereitet wurde? Sollten sie tatsächlich nach 1945 keine ebenbürtigen Nachfolger gefunden haben?

Die Debatte, die sich an der Rede von Grass entzündete, konzentrierte sich auf die Rechtfertigung der abstrakten und informellen Kunst, die Grass vor Augen hatte, als er von Unverbindlichkeit sprach.[2] Aber ansonsten blieb seine Diagnose erstaunlicherweise unwidersprochen. Trifft sie zu? Welches Bild haben wir uns von der westdeutschen Nachkriegskunst zu machen? Die Frage ist schwierig zu beantworten, und das liegt zunächst daran, daß über die Geschichte der westdeutschen Nachkriegskunst so lange noch gar nicht nachgedacht worden ist.

Im Schatten der Erinnerung. Bis zu der Debatte um die Grass-Rede konnte von einem historischen Interesse an der Kunst der Nachkriegszeit kaum die Rede sein. Die westdeutsche Nachkriegskunst hat lange im Schatten der Erinnerung an andere Perioden der Moderne existiert, und zwar von Anfang an. Denn schon in der Nachkriegszeit setzte die *erste Erinnerungsbewegung* ein, Künstlern und Kunstrichtungen gewidmet, die während des Nationalsozialismus verfemt oder unterdrückt worden waren. Glänzender Höhepunkt dieser Rückblicke war die erste *documenta,* die 1955 in Kassel stattfand und die Kunst des 20. Jahrhunderts zeigte. Dort waren zwar auch westdeutsche Nachkriegskünstler vertreten, sogar recht breit, doch blieben sie im Schatten von Picasso und Matisse, Henry Moore und Alexander Calder, Beckmann oder Kandinsky. Sie konnten allenfalls hoffen, mit diesen in einem Raum ausgestellt zu werden.

Die *documenta* von 1955 markierte einen Höhepunkt, aber noch keineswegs das Ende dieser Erinnerungsbewegung. Drei Jahre später, 1958, konnte die erste umfangreiche Dada-Rückschau noch einer kontroversen Würdigung sicher sein. Der „Kunstverein für die Rheinlande und Westfalen" hatte Man Ray, Hans Richter, Hannah Höch und Paul Citroen als Ehrengäste nach Düsseldorf eingeladen, was den ansässigen nordrhein-westfälischen Kultusminister nicht davon abhielt, festzustellen, daß „Dada eine der häßlichsten Äußerungen menschlichen und deutschen Wesens überhaupt" sei – man beachte den feinen Unterschied –, „politisch verantwortungslos" und „unsittlich".[3] Der Dadaismus, der sich bekanntlich in Reaktion auf den Ersten Weltkrieg formiert hatte, war den Westdeutschen noch lange nach dem Zweiten Weltkrieg so suspekt, daß die *documenta* 1955 gleich völlig auf seine Vertreter verzichtete. Aber welche Nachkriegskunst kann man schon von einer Gesellschaft erwarten, der noch eine Nachkriegskunst problematisch und unverdaulich erschien, die dreißig Jahre zuvor, nach einem ganz anderen Krieg entstanden war?

Es gab bekanntlich weitere Gründe, die einen Betrachter der jungen Bundesrepublik stutzig machen konnten, und es dauerte ja auch nicht lange, bis sich Mitte der sechziger Jahre der Unmut an der bundesrepublikanischen Ambivalenz durch die Studentenbewegung Luft verschaffte. Diese Wunschrevolte sorgte für die *zweite Erinnerungsbewegung*, die wiederum die Nachkriegskunst eher deklassierte: Ende der sechziger Jahre lag nichts ferner, als sich auf die ersten beiden Jahrzehnte der Bundesrepublik oder gar ihre Kunst zu besinnen. Im Gegenteil, im Zeichen der Studentenbewegung und ihres unnachsichtigen Tribunals über die braune Vergangenheit war man damit beschäftigt, die Kultur der Zwischenkriegszeit wieder in Erinnerung zu rufen, also die lange verdrängte politische Kultur der Weimarer Republik, ihre deutschen und nicht zuletzt ihre jüdischen Repräsentanten, Brecht, Benjamin oder Kracauer, Wilhelm Reich oder Carl Einstein.

Die Erinnerung an diese „Weimarer Klassiker" galt den Sozialphilosophen, Essayisten und Literaten. Die bildende Kunst jener Jahre wurde erst später rekapituliert, Ende der siebziger und in den achtziger Jahren. 1968 war der große Rückblick „Fünfzig Jahre Bauhaus", den Dieter Honisch im Württembergischen Kunstverein veranstaltete, noch ein vereinzelter Vorgriff. Später folgten dann etwa im Kölnischen Kunstverein ein Rückblick auf die „Rheinischen Progressiven", in Berlin auf Christian Schad oder Rudolf Schlichter. In jenen Jahren begann man auch damit, sich mit der Kunst der Nazi-Zeit zu befassen, mit der offiziellen wie mit der aus dem Widerstand.[4]

Die Entdeckung der Nachkriegszeit. Ende der siebziger Jahre erschienen dann die ersten Publikationen, die sich der fünfziger Jahre annahmen. Es war – nach dem Rückblick auf die Moderne und der Anknüpfung an die linken Weimarer Klassiker – nunmehr die *dritte Erinnerungsbewegung* der Bundesrepublik, die erste, in der sie selber vorkam. „Die Pubertät der Republik", wie sich eine der besseren Publikationen nannte, wurde mit nostalgischer Rührung vor allem ihrer Geschmacksentgleisungen halber bestaunt. Die Bundesrepublikaner wußten sich inzwischen so sehr an Standards der westlichen Konsumdemokratien angepaßt, daß sie es sich leisten konnten, mit Wonne ihrer zweifelhaften Herkunft nachzugehen.

Die Publikationen, die sich in dieser dritten Erinnerungsbewegung den fünfziger Jahren widmeten, gehorchten bereits einem neuen Kulturverständnis, weil sie die Kunst nicht isoliert, sondern im Kontext mit Design und Alltagskultur, Mode und Warenästhetik abhandelten, ja, sie manchmal zwischen diesen verschwinden ließen. Ein weiteres Mal wurde die Nachkriegskunst deklassiert, obwohl ihrer nun zum ersten Male gedacht wurde. Denn mit Vespa-Rollern und Nierentischen hätten die Maler der fünfziger Jahre sicherlich nichts gemeinsam haben wollen, nun aber wurden die Koinzidenzen akzentuiert. Der neuen Kulturbegriff paßte in die achtziger Jahre, den fünfzigern wäre er nicht weniger geschmacklos vorgekommen als dem nordrhein-westfälischen Kultusminister der Dadaismus. Die achtziger Jahre maßen die fünfziger nicht an deren eigenen Maßstäben, sondern setzten diese in der Erinnerung außer Kraft, die Historisierung der fünfziger Jahre setzte früher ein als die des Nationalsozialismus. Die Kunst kam dabei vor – mehr nicht.

Das Ende der Nachkriegszeit. In den siebziger Jahren begann auch vereinzelt eine im engeren Sinne kunsthistorische Auseinandersetzung mit der Nachkriegskunst. Sie war mit Schwierigkeiten konfrontiert, als handele es sich um eine weit entlegene Epoche. Als Wulf Herzogenrath zum Beispiel 1978 die Ausstellung „Deutsche Malerei und Plastik der Gegenwart" rekonstruieren wollte, die knapp dreißig Jahre vorher, 1949, im Kölner Staatenhaus abgehalten worden war, hatte er nach der kurzen historischen Distanz Mühe, die Spuren vieler Werke und Künstler wieder aufnehmen zu können.

Als erste Ausstellung zur Nachkriegskunst zeigte die Berliner Akademie der Künste 1975 „Als der Krieg zu Ende war – Kunst in Deutschland 1945 – 1950", 1981 folgte dann das Buch „Kunst und Kulturpolitik in Deutschland 1945–1949" von Jutta Held. 1983 unternahm die Westberliner Ausstellung „Grauzonen Farbwelten" den Versuch, „Kunst und Zeitbilder 1945–1955" – so ihr Untertitel – vorzustellen. Zu dieser Ausstellung hat der Kunstkritiker Bernhard Schulz einen materialreichen und ausgezeichneten Katalog herausgegeben, der bis heute als Standardwerk gelten darf und dem fast alle späteren Diskussionsbeiträge viel verdanken, darunter auch meiner. „Grauzonen Farbwelten" sezierte die Nachkriegskunst eher undogmatisch und ebenfalls im Rahmen eines erweiterten Kulturbegriffs, aber immerhin kamen dabei die Künstler selber ausführlich zu Wort und hatten Interessantes zu berichten.

Dagegen sind Ausstellungen und Publikationen, welche die westdeutsche Nachkriegsabstraktion als eine Periode *eigener Legitimität* vorstellen, eher die Ausnahme geblieben, so etwa die Reihe, mit der Georg W. Költzsch nach 1983 in der Modernen Galerie des Saarland-Museums Rückblicke auf die westdeutschen Künstler des Informel ermöglichte, oder die Retrospektive ZEN 49, die Jochen Poetter 1987 in Baden-Baden einrichtete. Die Nachkriegsabstrakten, die sich trotz aller *documenta*- und *Biennale*-Beteiligungen sowie Akademieprofessuren nie aus dem Schatten der Klassischen Moderne hatten freischwimmen können, haben das Bild deutscher Malerei im In- und Ausland weder lange noch nachdrücklich geprägt.

Als Höhepunkt der Erinnerung an die Anfangsjahre der Bundesrepublik bot sich dann das Gedächtnisjahr 1985 an, obwohl der Jahrestag der Kapitulation eher die Erinnerung an den Krieg und die Nazi-Herrschaft nahegelegt hätte. Das Gedächtnisjahr lieferte weitere Indizien dafür, daß im Bewußtsein der Westdeutschen die Nachkriegszeit zu Ende war. So erschienen zum Beispiel im gleichen Jahr Fotobücher, in denen die Kriegszerstörungen deutscher Städte dokumentiert wurden, zwei allein über Köln: Hermann Claasen hatte bereits während des Krieges damit begonnen, die zerstörte Rheinmetropole zu fotografieren – worauf übrigens die Todestrafe stand –, August Sander in der unmittelbaren Nachkriegszeit die Ruinen seines Wohnortes dokumentiert.[6] Solche Bücher belegten, ungeachtet der Intentionen ihrer Autoren und Herausgeber, daß mit dem Abstand von rund vierzig Jahren den Westdeutschen das Kriegsende inzwischen historisch und damit erträglich geworden war und ihnen aus den Ruinen eine andere, längst fremd gewordene Welt entgegenblickte, die hinter sich gebracht zu haben sie erleichtert aufatmen konnten. „Aus den Trümmern – Kunst und Kultur im Rheinland und Westfalen 1945– 1952. Neubeginn und Kontinuität" war der beziehungsreiche Titel einer Ausstellung des Rheinischen Landesmuseums Bonn im gleichen Jahr.

Vor allem markierte das Jahr 1985 mit zwei Ausstellungen das Ende der Nachkriegszeit: In der Westberliner Nationalgalerie war die Bestandsaufnahme „1945–1985 – Kunst in der Bundesrepublik Deutschland" zu sehen, in London und Stuttgart ein Rückblick auf acht Jahrzehnte, die Ausstellung „Deutsche Kunst im 20. Jahrhundert – Malerei und Skulptur 1905 bis 1985". Ein begleitendes Symposium der Royal Academy war auch Themen der Nachkriegskunst gewidmet und anregend für die hiesige Diskussion. So ist Franz Verspohls maßgeblicher Aufsatz über Wols daraus hervorgegangen. Ebenso hat Klaus Herding beim Londoner Symposium erste Thesen seines Essays „Humanismus und Primitivismus" zur Diskussion gestellt.[7]

Das Terrain der westdeutschen Nachkriegskunst, dieses *Fazit* läßt sich aus dem kurzen Abriß ihrer Rezeptionsgeschichte bereits ziehen, ist in den achtziger Jahren erst gründlich sondiert worden. Kein Wunder also, daß man hier immer noch auf Minen treten kann.

Vermintes Gelände. Die empfindliche Reaktion auf die Rede von Grass hat es bewiesen. Er hat *en passant* gezeigt, wo sie zu lokalisieren sind. Denn mit seinen Anwürfen gegen die angebliche Indifferenz der Nachkriegsabstraktion postierte er sich an einer vergessenen Frontlinie, die einst zwischen den Nachkriegslagern der Ästhetik verlief. Für und gegen realistische und abstrakte Kunst wurde damals mit einer Erbitterung gefochten, die angesichts der später weit verbreiteten Liberalität, ja Gleichgültigkeit in solchen Fragen geradezu exotisch wirken muß.

Man zögert, die Argumente dieser Debatte in Erinnerung zu rufen, und möchte sie als zu Recht vergessen betrachten. Aber sie ist in der Tat nur vergessen, doch nie entschieden worden. Daher bleibt sie virulent. Man muß, wie Grass gezeigt hat, diese deutsche Kunstmine nur antippen, und schon geht das Feuerwerk wieder los, wenn auch nicht mehr ganz so abendfüllend wie vor vierzig Jahren. Ja, in einer substantiellen Polemik gegen den Protagonisten der „Subjektiven Fotografie", den einflußreichen Nachkriegs-Lichtbildner Otto Steinert, hat Jan Thorn-Prikker im Dezember 1990 in der *Frankfurter Allgemeinen* die schon etwas altbackene Auseinandersetzung durch die Eröffnung eines frischen Nebenschauplatzes belebt, indem auch er die Frage umkreist, ob die Anhänger der „Subjektiven Fotografie" sich nicht allzu bequem aus der deutschen Geschichte verabschiedet und sich vor ihrer Aufgabe als Chronisten gedrückt hätten.[8]

Abdankung der Malerei. In der kunsthistorischen Diskussion gilt aber inzwischen die kritische Aufmerksamkeit nicht mehr nur den angeblichen Fluchtreflexen der Abstrakten. Vielmehr kommen inzwischen auch jene Künstler schlecht weg, die sich der von Grass umrissenen Aufgabe angenommen haben, nämlich das Grauen ins Bild zu zwingen, also Geschichte zu malen. Grass hat ja recht, wenn er auf das rätselhafte Gefälle zwischen der Nachkriegskunst von 1918 und der von 1945 hinweist. Er könnte kaum größer sein. Es ist ein makabrer Befund, daß sich ein großer Teil von Bildern und Innovationen, die wir heute an der Moderne bewundern, der Katastrophe des Ersten Weltkrieges direkt oder indirekt verdanken. Der nahezu gleichzeitige Umbruch der Kunst sorgte dafür, daß dieses gewaltige Thema mit einer Breite von Mitteln und Stilen behandelt und auf seine Umsetzbarkeit hin überprüft werden konnte wie nie zuvor in der Geschichte und bis heute nicht wieder. Im Vergleich dazu ist es eher dürftig, was nach 1945 als Nachkriegskunst zu betrachten war.

Die historische Affinität der modernen Kunst zum Ersten Weltkrieg lag in einer wohl eher zufälligen Parallelität der Entwicklungen: Sowohl die Modernisierung des Krieges wie die der Kunst kreuzten sich zum Zeitpunkt des Ersten Weltkrieges. Dessen Schubkraft war für die radikalen Innovationen von Dadaismus und Surrealismus dann ebenso von Bedeutung wie für die Neue Sachlichkeit oder für große Einzelgänger wie Beckmann.

Versucht man zu klären, warum nach dem Zweiten Weltkrieg keine auch nur entfernt vergleichbare Bedeutung der Kunst zu verzeichnen war, ist man geneigt, zu dem gängigen Postulat Zuflucht zu nehmen, es habe *das noch größere Grauen* eine künstlerische Umsetzung endgültig vereitelt. Wer aber den Zweiten Weltkrieg und die Vernichtungslager der Nationalsozialisten und Stalinisten über die Erfahrung des Ersten Weltkrieges setzt, macht die Rechnung ohne die Zeitgenossen. Rückblickend könnte man nämlich fast den Eindruck haben, daß der Erste Weltkrieg auf seine Zeitgenossen einen viel größeren Eindruck gemacht hat als der zweite Weltkrieg mitsamt seiner Terrorsysteme auf die spätere Generation. Zahlreiche Untersuchungen belegen die bemerkenswerten Auswirkungen des Ersten Weltkrieges auf Kunst und Literatur.[9] Es hätte jedenfalls schon nach dem Ersten Weltkrieg die moderne Pathosformel der *Nichtdarstellbarkeit des Schreckens* gelten und die künstlerische Produktivität lähmen können. Doch galt sie nicht um 1918. Wie läßt sich dann die offenkundige Abdankung der Malerei nach dem Zweiten Weltkrieg erklären?

Eine entscheidende Rolle dürfte dabei die Konkurrenz der modernen Medien gespielt haben. Denn im Gegensatz zu der Zeit nach 1918 hatten die Fotografie und der Film nach dem Zweiten Weltkrieg eine ungleich bedeutendere Rolle in der Darstellbarkeit der Welt eingenommen.[10] Dieses Argument dient nicht zur Entlastung der Maler, so als ob ihnen durch die Fotografie die Drecksarbeit der Schilderung abgenommen worden wäre und sie sich daher auf die gegenstandslose Malerei hätten konzentrieren dürfen. Vielmehr betont es die überragende Rolle der modernen Medien für die Herausbildung unseres Geschichtsbewußtseins, das in seinen optischen Anteilen eben nicht mehr von der Malerei, sondern von Fotografie und Film geprägt wird. Was an Bildern vom Zweiten Weltkrieg und dem Völkermord sich in die Erinnerung eingeprägt hat, sind keine Gemälde, sondern Fotografien oder Filmstreifen. Die Fotos aus den befreiten Konzentrationslagern mußten nicht mehr gemalt werden. Es gab Filme, die von Flugzeugen aus aufgenommen worden waren und deutsche Städte in Trümmern zeigten– wie sollte eine gemalte Ruine ihnen noch Paroli bieten können? Man hat es sich angewöhnt, die grundsätzliche Auseinandersetzung zwischen der Fotografie und der Malerei ins 19. Jahrhundert zu datieren und von dort her manche Entwicklung und Radikalisierung der modernen Malerei zu deuten. Doch ist das Datum des endgültigen Triumphs der Fotografie über die Malerei in der Darstellung des Zweiten Weltkrieges sowie der Greuel des SS-Staates und des Stalinismus zu vermuten.

Das gilt erst recht für den Film. Reicht irgendein Gemälde an die Filmdokumente heran, die in befreiten Konzentrationslagern aufgenommen worden sind, kann eine Ausstellung von Zeichnungen den Nachdruck erreichen, den Filmmontagen wie Michail Romms „Der gewöhnliche Faschismus“ oder Erwin Leisers „Mein Kampf“ bewirken? Was uns an den Zeichnungen und Gemälden derer bewegt, die aus der Erfahrung der Demütigung und Entrechtung heraus gemalt und gezeichnet haben, ist der bewegende persönliche Charakter ihrer Darstellung, die verbindliche Mitteilung eines „Sieh, was mir widerfahren ist“ – ein Topos der Rührung, der zum narrativen Inventar einer jeden Hochkultur gehört und stets seiner bewegenden Wirkung sicher sein kann. Aber was uns an den Fotografien und Filmen bewegt, auch wenn sie nicht die Spur einer künstlerischen Gestaltung oder Effektkalkulation verraten, ist ihr Charakter des historischen Belegs. Vor ihnen können wir ermessen, mit welchem Nachdruck und wie unentrinnbar Wirklichkeit gewesen ist, was Malerei und Grafik stets mit Zügen der Fiktion ausstatten müssen und trotz aller Effekte dadurch eigentlich nur mildern können.

Man kann es der Nachkriegsmalerei daher nicht verübeln, daß sie Zuflucht zu surrealistischen Stilisierungen nahm, in die ihr die Fotografie scheinbar nicht folgen konnte. Doch auch hier stand mit der Fotomontage schon ein Konkurrent bereit, der allerdings auch nur vorführte, wie kurzlebig die Effekte waren, mit denen der Nachkriegssurrealismus verblüffte.

Den neuen Medien gegenüber hätte figurative Malerei sich vielleicht nur durch ihre Metaphorik behaupten können. Ihre Überlegenheit im Vergleich zur Fotografie besteht schließlich darin, unabhängig von den Konstellationen realer Gegenwart Bilder herstellen zu können, die eine persönliche oder historische Erfahrung in eine zündende Metapher umsetzen. Das *Ausbleiben überzeugender Metaphern* ist die eigentliche Fehlanzeige der Nachkriegsmalerei. Es ist kein mimetisches, sondern ein *poetisches Versagen.* Ein schwarzer Mond und eine Höllenfahrt, Kain und Abel sowie eine Atomserenade, ein trauriger Clown und ein Totentanz – das sind die Chiffren der Zeit nach 1945, Reflexe eher als Reaktionen, verlegen eher als zupackend.

Neben den ikonographischen wirken auch die künstlerischen Mittel konventionell, und das läßt die Bilder den Nachgeborenen so altbacken erscheinen. Die Malerei nach dem Zweiten Weltkrieg kommt auch deswegen schlechter weg, weil sie anders gewichtet wird als die des Ersten. Sie wurde, wie Herding hervorhebt, nicht nur an der *Frage der Darstellbarkeit* der Wirklichkeit, sondern auch am *zwischenzeitlichen Entwicklungsstand der künstlerischen Mittel* gemessen. Hatte die Malerei nach dem Ersten Weltkrieg von dem Innovationsschub der künstlerischen Mittel gleichsam nebenbei profitiert, deren Neuheit einen großen Teil ihres Pathos stiftete, geriet die nach dem Zweiten in das Dilemma der Moderne, die ihre künstlerischen Mittel ja nicht nur daran bemißt, ob sie der Wirklichkeit gerecht werden, sondern vor allem, ob sie auf dem allerletzten Stand der künstlerischen Entwicklung stehen, der aber stets aufs Neue dementiert wird. Trafen beide Qualifikationen in der Kunst nach dem Ersten Weltkrieg fast ununterscheidbar zusammen, so fielen sie nach dem Zweiten auseinander und sind seither nie mehr zusammen gekommen: in der Abstraktion des Westens und dem Realismus des Ostens verabsolutierten sich zwei unvollständige Restmassen einer Moderne, die damit die Erkenntnis, in eine Sackgasse der Innovation geführt zu haben, noch für mehrere Jahrzehnte kaschieren konnte.

Ruine am Meer. Die ikonographische Kritik läßt sich an zwei Metaphern präzisieren. Hatte der Schützengraben als das Symbol des Ersten Weltkrieges gegolten, so machten die Luftangriffe des Zweiten ein neues Bild erforderlich. Werner Heldt, der inzwischen als einer der wichtigeren Nachkriegskünstler gilt, und Rudolf Schlichter verwendeten ein Symbol, das der modernen Form des Krieges gerecht zu werden schien, das Meer. Von Heldt gemalte oder gezeichnete Berliner Ruinenlandschaften tragen häufiger den Titel „Berlin am Meer", die zerbombte Reichshauptstadt wird für ihn Ruinenlandschaft und Dünenlandschaft zugleich. Als habe eine gigantische Überschwemmung das Menschenwerk zerstört, erscheinen zerbombte Straßen und Ödflächen wie vom Meer ausgeschliffene Kanäle einer nicht versunkenen, aber ertrunkenen Stadt. Ein Topos der expressionistischen Stadtkritik – „Von diesen Städten wird bleiben: der durch sie hindurchging, der Wind!" (Brecht) – erfährt hier eine maritime Wendung, in der – oberflächlich betrachtet – falschen topographischen Zuordnung verschmelzen Naturgeschichte und Nachkriegsrealität. Das auf dem Sand eines vorzeitlichen Meeres erbaute Berlin scheint in diesem wieder zu versinken.

Für Rudolf Schlichter werden Stadtlandschaften zu Szenarios einer „Sintflut". Die militärisch bewerkstelligte Unterwerfung Nazi-Deutschlands erscheint damit ein weiteres Mal als der Sieg einer – diesmal göttlich ermächtigten – Naturgewalt, das moderne Flächenbombardement als atavistische Sintflut der Reinigung. In den Bildern von Heldt und Schlichter erscheint Deutschland nicht als ein vom Nationalsozialismus befreites, vielmehr als ein diffus bestraftes Land. Wird in der Assoziation der Sintflut die deutsche Niederlage als eine gerechte Bestrafung eingestuft, so bleiben die Kriegsvorbereitung, ihre Ziele und Gründe jedoch im Nebel einer biblischen und unhistorischen Schuldvorstellung. Im Bild des über das Land siegenden Meeres wird eine traditionelle politische Metaphorik fortgesponnen: Das Meer, auf dem nach der Absicht der wilhelminischen Rüstungsplaner einst die Zukunft Europas im Krieg gegen England hätte entschieden werden sollen, wird keine fünfzig Jahre später zum Symbol einer Niederlage, insofern Deutschland als Landmacht von England als der siegreichen Seemacht überschwemmt erscheint – doch hatte diese territoriale Metaphorik, wie Carl Schmitt in seinem Buch „Land und Meer“ bereits während des Krieges analysierte, angesichts des Luftkrieges ausgedient.

Als wohl beliebteste Metapher der Nachkriegsmalerei diente die Ruine. Das erscheint selbstverständlich, lag doch „Europa in Trümmern“, wie ein 1990 von Hans Magnus Enzensberger herausgegebener Band mit Reiseberichten aus jenen Jahren betitelt ist. In diesem Zusammenhang mußte die Ruine, die seit dem Mittelalter eine besonders beziehungsreiche Metapher europäischer Kunst war, unverblümt und schlankweg als realistisch erscheinen. Eine traditionsreiche und vieldeutige Pathosformel ließ sich zur Schilderung eines Landes aktivieren, das tatsächlich ruiniert war. Neben Werner Heldt waren es in Berlin Karl Hofer, Heinz Trökes und Werner Gilles, welche die Ruinen festhielten, Wilhelm Schnarrenberger in Karlsruhe oder Wilhelm Rudolph in Dresden. Man hat bei einigen von ihnen den Eindruck, als hielten sie die Ruinenlandschaften wie unter einem Bann fest, als malten und zeichneten sie sich eine staunende Ungläubigkeit von der Seele, mit der sie der Vernichtung ihrer Heimatstädte begegnen mußten: Wilhelm Rudolphs Darstellungen des zerstörten Dresden liefern dafür wohl die bewegendsten Beispiele.

Das Motiv der Ruine, damals sicherlich sinnfällig und nur allzu einleuchtend, weckt aber auch Zweifel. Die Ruine ist ja nicht nur ein Symbol der Zerstörung, der Niederlage und des Krieges, sondern auch eines der Unbehaustheit, eine Metapher der Geschichtsklage. Mußte es nicht auch ein wenig selbstmitleidig wirken, wenn Ruinen, die Beweisstücke alliierter Luftangriffe, künstlerisch festgehalten und überhöht wurden? Ließ sich das Kriegsgeschehen in solchen Resultaten versinnbildlichen, ohne verkürzt zu wirken – verkürzt um die Katastrophen, die von deutschen Truppen zu Lande, zu Wasser und aus der Luft in ganz Europa angerichtet worden waren, verkürzt um die industrialisierte Vernichtung von Millionen Juden in Mitteleuropa, in Barackenlagern, die keine pittoresken Ruinen abgaben? Macht sich vor diesem historischen Hintergrund nicht ein Hauch von Ruinenromantik bemerkbar in Gemälden, in denen auch noch der Mond durch die Fensterhöhlen scheint?

Wenn auch die Ruinen damals kaum romantische Assoziationen ausgelöst haben dürften, angesichts von Lebensmittelknappheit, Wohnungsnot und Winterkälte, die *gemalte* Ruine siedelt stets im Assoziationsfeld vergangener Größe, untergegangener Kultur und verlöschter Zivilisation. Das aber war in Deutschland bereits alles untergegangen, als die Häuser noch standen. In Deutschland war die massenhafte Entrechtung und Ermordung von Juden, Zigeunern, Zeugen Jehovas, Sozialdemokraten, Behinderten, Gewerkschaftlern, Zwangsarbeitern, Kommunisten, Homosexuellen und Intellektuellen vor sich gegangen, *ohne Ruinen zu hinterlassen.* Im Gegenteil, die Kulissen dieses „Zivilisationsbruchs" hätten kaum prächtiger und massiver sein können, die Bauten von Albert Speer oder Wilhelm Kreis, die Plastiken von Arno Breker oder Joseph Thorak, die Berliner Sportanlagen von Werner March oder die Nürnberger Aufmarschfelder der Brüder Ludwig und Franz Ruff. Im „Dritten Reich" wurde mit der jüdischen eine ganze Kultur ausgelöscht, ohne daß sich dieser Untergang in Ruinen niedergeschlagen hätte. Im Gegenteil, das Eigentum der Juden wurde von den Agenten der „Arisierung" geschont, weil sie es sich nämlich vollständig anzueignen gedachten und möglichst vollwertig übernehmen wollten und ja auch übernommen haben. Die Zerstörung der jüdischen Kultur erfolgte in Deutschland nach dem Modell der Neutronenbombe, welche die Menschen umbringt, aber die Sachwerte schont. Dieser ruinenlose Untergang hat die Ruine als Metapher der Geschichtsklage in der Moderne ruiniert. Sie hat ihre symbolische Aussagekraft für Untergang und Vernichtung eingebüßt und steht der Geschichtsklage nur noch als reduziertes Motiv zur Verfügung – das macht ihre schlechte Romantik aus.

Die einzigen Ruinen, die es beim Völkermord an den Juden in Deutschland gegeben hat, waren die verbrannten Synagogen, welche die Nazis wie Kriegserklärungen stehenließen – eine zynische Travestie christlicher Metaphorik, die in der Ruine das unvollständige Bauwerk des Alten Testaments sah, in das der Erlöser hineingeboren wurde.

Nun sollte man heute vielleicht nicht allzu kritisch an die Momentaufnahmen einer historischen Erschütterung herangehen, die sich des Motivs der Ruine bedienten. Die Ruine ist in diesen Jahren ein Motiv, vielleicht auch nur eine Floskel der Selbstvergewisserung, die sowohl Züge der Nabelschau und des Selbstmitleids aufweist wie solche einer ratlosen Inventur und verwirrten Bestandaufnahme, Motiv eines „Kahlschlags", wie er für die Literatur maßgeblich mit Günter Eichs berühmten Gedicht „Inventur" in Verbindung gebracht wird – ob zu Recht, bleibt umstritten.

Doch sind die Ruinengemälde auch aus einem anderen Grund fragwürdige Momentaufnahmen, und zwar, weil die Ruine selbst zur *Momentaufnahme* wurde. In der Moderne ist die Ruine eine schnellebige Erscheinung. Die moderne Stadt kann Leerstellen ihrer Infrastruktur nicht lange dulden, und so räumten die Frauen die Trümmer schon weg, während die Männer sie noch malten, Frauen, deren Bild als Trümmerfrauen wir nicht der Malerei, sondern der Fotografie und dem Film verdanken. Die Fotografie war im Gegensatz zur Malerei der modernen Flüchtigkeit der Ruine gewachsen, und mehr als mit dem Namen irgendeines Malers verbinden wir unsere Erinnerung an die Ruinenlandschaften der Nachkriegszeit daher mit dem eines Fotografen. Werner Bischof hat damals für die Zeitschrift „du" mit schweizerischer Neutralität das Ruinenpanorama nicht nur in Deutschland, sondern in Europa festgehalten. Die Weite des Blickfeldes eines professionellen Fotografen macht die provinzielle Enge des Blickfeldes jeglicher Ruinenmalerei der Nachkriegszeit deutlich und konterkariert ihre topographische Sentimentalität.[11]

Die schwierige Freiheit. Betrachtet man die Kritik an der Abstraktion auf dem Hintergrund einer solchen Kritik der Figuration, so wirkt die abstrakte Kunst entlastet. Wenn schon keine überzeugenden Metaphern zu finden waren, durfte man getrost auch auf konventionelle Bildsprachen verzichten; wenn die modernen Medien das Geschäft der Dokumentation übernahmen, auch auf die historische Zeugenschaft der Malerei. Warum ist trotzdem die Legitimät der abstrakten Kunst bis in unsere Tage immer wieder bestritten worden?

Geht es immer noch um den Konflikt zwischen dem „Großen Realen" und dem „Großen Abstrakten", wie Wassilij Kandinsky die beiden Tendenzen zu Beginn des 20. Jahrhunderts in einer für Künstler untypischen Liberalität charakterisiert hat? Aus diesen großen Scheinen münzte jedenfalls die Nachkriegsdebatte etwa zwischen Hofer und Grohmann das Kleingeld tagespolitischer Argumente. Die westdeutsche Nachkriegsdiskussion war durch den vorhergehenden Totalitarismus noch lange geschädigt; man konnte sich die modernen Kunstrichtungen immer noch nicht als gleichberechtigte vorstellen, sondern nur als einander ausschließende. Die kunsttheoretischen Auseinandersetzungen der Nachkriegszeit bewiesen, wie wenig die Nachkriegsdeutschen auf die entscheidende Eigenschaft der modernen Kunst vorbereitet waren: auf die völlige Freiheit in der Wahl der Mittel und der Themen, ja auf die Liebe zur Freiheit. Es ist diese Liebe zur Freiheit, für welche die Abstraktion in der Nachkriegszeit als Pathosformel gelten wollte und gelten konnte, selbst wenn man in Rechnung stellt, daß auch hier – wie stets in der Moderne – Konformismus und Opportunismus das Bild des radikalen Aufbruchs bald verwässerten.

Hinter der posthumen Maßregelung der Abstraktion steht aber auch eine zählebige – und, wie mir scheint, sehr deutsche – Vorstellung von der historischen und politischen Verpflichtung des Künstlers. Man kann hierzulande die Kunst nicht ohne die Pädagogik haben – mag sich diese nun als Aufklärung oder Utopie ausgeben, als Religion oder als Kritik auftreten, zu Sonntagsreden oder zu Handgreiflichkeiten neigen: stets gilt die Kunst hierzulande als die Magd von Moral und Historie unter dem Zugriff der ästhetischen Volkserziehung. Wird ein solcher Rahmen nicht gegeben, ist Kunst in Deutschland fast unsichtbar.

Hierzulande gilt Kunst nicht, wie in manchen romanischen Traditionen, als Inbegriff von Luxus und Souveränität, von Genuß und sinnlicher Selbstbehauptung oder als grandioses Bühnenbild für die unerschütterliche Trivialität des Lebens. Stets umweht sie ein Hauch von Pflicht und Sendung, Berufung und Verantwortung, von Volkshochschule und Dienstanweisung, kurz, der penetrante Geruch des guten Willens. Die skandalöse Dienstleistungsverweigerung der Moderne, die hierzulande nicht zufällig als französischer Import, als *l'art pour l'art* zitiert wird, hat in Deutschland nie richtig Fuß fassen können. Moderne Kunst ist bei uns nicht nur, wie Arnold Gehlen bemerkt hat, kommentarbedürftig, nein, sie ist auch, und zwar vor allem und stets, rechtfertigungsbedürftig. Von der Autonomie und der Freiheit der Kunst reden wir Deutschen wie die Eunuchen von der Liebesnacht.

Das Diktum, nach Auschwitz sei kein Gedicht mehr möglich, das gern falsch zitiert wird und seinem angeblichen Urheber ja mit den Jahren eher lästig geworden sein soll, konnte daher nur in Deutschland zum geflügelten Wort werden, wo man sich durchaus unbefangen vorzustellen vermochte, daß nach Auschwitz wieder Züge abgefertigt, Kinder gezeugt, Schäferhunde dressiert, Gaststätten eröffnet und Wochenendausflüge unternommen werden konnten. Kunst hatte das Grauen entweder abzubilden oder durch Schweigen stellvertretend dafür zu büßen – diese beiden Alternativen bilden die Extreme, auf die sich die politische Ästhetik zurückgezogen hat: Die Überfrachtung der Kunst durch die Ästhetik endet zwangsläufig in einer Aporie der Bevormundung.

Es ist ein Mangel an politisch-intellektueller Kultur, der in der „verspäteten Nation" (Helmuth Plessner) für die moralische Überfrachtung der Kunst gesorgt hat. Aber wie hätte eine politisch-intellektuelle Elite sich auch ausbilden und tradieren sollen unter der Dunstglocke autoritärer Vormundschaft, die von Metternich über den Wilhelminismus bis zu Hitler sich immer wieder über dieses Land stülpte und ihm die Luft zum Denken nahm? Die Kunst als Instanz der öffentlichen Moral und des Geschichtsbewußtseins zu betrachten, ist ein Resultat der Entpolitisierung der Öffentlichkeit und Reaktion auf den Mangel an Glaubwürdigkeit des Politischen. Daher ging es bei der Konfrontation von Abstraktion und Realismus um mehr als nur um Malerei. Die Argumente für die abstrakte Kunst mochten ebenso inkohärent sein wie die der Kritiker, aber der Streit war unversöhnlich und fundamentalistisch.

Heute muß man die Kunst allerdings nicht mehr in Schutz nehmen oder ihre Freiheit verteidigen, denn das Problem hat sich inzwischen erledigt. Die Gegner der abstrakten Kunst sahen ja völlig zu Recht auch den Kunsthandel am Werk bei der Durchsetzung dieser unerhörten Freiheiten. Ein deutscher Kultusminister hätte sie in der Tat ebenso wenig gewährt wie ein Ordinarius für Kunstgeschichte – sogar deutsche Dichter haben, wie man sieht, damit immer noch ihre Probleme. Der Nachkriegsmythos, der Kunsthandel habe mit mafiosen Methoden die Abstraktion lanciert, hat einen wahren Kern darin, daß der Kunstmarkt hierzulande entscheidend zur Durchsetzung der modernen künstlerischen Freiheit beigetragen hat – womit ich nicht behaupten möchte, daß er sie auch auf Dauer garantiert. Nur die Durchsetzung eines neuen, universalen Bezugsrahmens hat die Kunst aus der politischen Konfrontation und moralischen Überfrachtung befreien können, es ist ihr Geldwert. Kunst ist hierzulande nie richtig freigelassen worden aus höfischer, kirchlicher und dann bürgerlicher Indienstnahme und Bevormundung, erst das profane Wechselspiel von Angebot und Nachfrage hat sie freigesetzt. Das ist kein berauschendes Schicksal, aber auch kein erschütterndes. Es ist vielleicht besser als das Schicksal, das Generationen von Künstlern vorher blühte.

Man muß sich vielleicht an den Gedanken gewöhnen, daß moderne Kunst hierzulande weniger die demokratisch gewährte Meinungsfreiheit repräsentiert hat als vielmehr die ökonomisch ausgeklügelte Liberalität des Marktes. Das ist, im Sinne der deutschen Kunstreligionen und ihrer Kleriker, zutiefst unästhetisch, und Dekadenztheorien, in Deutschland ohnehin mehr beheimatet als irgend sonst in der Welt, müssen sich zwangsläufig um diesen Sachverhalt ranken. Linke, konservative und reaktionäre Kulturkritik hat daher einen gemeinsamen Gegner, die Gleichgültigkeit des Marktes gegen die politische Geschichte und das unausrottbare Unterhaltungsbedürfnis seiner Kunden: Die Freisetzung der Kunst erscheint ihnen nur als das, was sie *auch* ist, als eine Preisgabe.

Preisgegeben wird dabei ohne Zweifel die Bedeutung, welche die Kunst einst für das Selbstverständnis und die Selbstdarstellung der Nation besaß – gerade in Deutschland, wo im 19. Jahrhundert mit Hilfe der Kunst der Nationalstaat zunächst simuliert und dann gefeiert wurde, ist das ein spürbarer Verlust gewesen. Diese Preisgabe förderte in der Tat der Markt. Zu Recht macht Herding neben dem Schulterschluß mit der westlichen Kunst daher auch die Nachfrage nach einer optimistischen Kunst mitverantwortlich für das Stagnieren einer zeitgemäßen künstlerischen Auseinandersetzung mit den Themen der jüngsten deutscher Geschichte. Aber in manchen Stellungnahmen zu dieser Stagnation klingt das Echo einer deutschen Grundüberzeugung etwas zu penetrant durch, daß es nämlich stets die falschen Leute sind, welche die falsche Kunst kaufen. Kaum je erscheint im kritischen Rückblick die Überlegung, der Erfolg der abstrakten Kunst könnte einfach auch mit ihrer künstlerischen und geistigen Qualität zu tun gehabt haben – das Ansehen der abstrakten Kunst ist hierzulande durch den Zeitpunkt ihres Erfolges nachhaltig geschädigt worden, durchaus zu Unrecht.

In der allseitigen Unzufriedenheit mit der Abstraktion darf man aber auch ein psychologisches Motiv der Enttäuschung vermuten. Es ist die Trauer darüber, angesichts einer kaum noch verständlichen, kaum noch zu ertragenden, kaum noch zu erlebenden und zu überlebenden Geschichte von der Kunst im Stich gelassen zu werden. Allein gelassen von Gott – und nun auch noch von Karl Marx – richtet der moderne Mensch an die Kunst die Hoffnung, als Instanz öffentlicher Deutung und Erinnerung zu fungieren. Darin steckt ein apotropäisches Element, das völlig irrational und auch sehr deutsch ist, eine Art *Schadenabwehrzauber durch Mimesis.* Doch hat er nie funktioniert. Es ist eine Mischung aus Schadenabwehr, Katharsis und Nobilitierung der historischen Grenzerfahrungen, welche in der Nachkriegsmoderne von der Kunst erwartet wurde, eine Leistung, der sie sich verweigert hat. Man kann das gut verstehen, das eine wie das andere.

Aber man muß darüber nicht vergessen, daß es auch noch die Literatur gibt, die in einem Land mit mangelnder politischer Kultur viel besser geeignet war, in der Rolle einer moralischen Instanz zu brillieren, als die Kunst. Man vergleiche nur die drastischen und auch ein wenig hilflos wirkenden Äußerungen, mit denen Georg Baselitz die ästhetische Problematik der Wiedervereinigung kommentierte, und halte Wolf Biermanns glänzende Analysen des deutsch-deutschen Vereinigungskrieges dagegen.[12] Und ist nicht Günter Grass selbst ein herausragendes Beispiel dafür, daß sich Literatur und Politik hierzulande eben doch mehr zu sagen haben, als beide zusammen der Kunst?

Doch auch von dieser Regel gibt es Ausnahmen. Denn im gleichen Jahr, in dem Grass mit der westdeutschen Nachkriegsabstraktion abrechnete, arbeitete sein amerikanischer Kollege Kurt Vonnegut an dem Roman „Blaubart“, der unsere Fragestellung an einem historischen Parallelfeld durchspielt, nämlich am Beispiel des türkischen Völkermordes an den Armeniern während des Ersten Weltkrieges.

Blaubarts Geheimnis. Der Ich-Erzähler Rabo Karabekian ist der Sohn armenischer Eltern, die den Völkermord Anfang dieses Jahrhunderts erlebt und überlebt haben und nach Amerika ausgewandert sind. Er geht in die Lehre bei einem hyperrealistischen Illustrator, in dem man Züge von Norman Rockwell zu erkennen glaubt, und verdient sein Geld später dort, wo solche Überhöhungen der Wirklichkeit gefragt sind, in der Werbe-Illustration. Doch bei aller technischen Perfektion, die er erreicht, ödet ihn auf Dauer die Verfügbarkeit und Irrelevanz solcher realistischer Bilder an, und er flüchtet sich in die *Cedar Tavern,* wo er mit anderen Stammgästen zusammen die erste authentisch amerikanische Kunstrichtung der Moderne vorantreibt, den Abstrakten Expressionismus. Diese New Yorker Kneipe ist inzwischen Kunstgeschichte, und einige ihrer Besucher sind es auch, denn Vonnegut schmuggelt seinen fiktiven Armenier unter Stammgäste wie Arshile Gorky, Mark Rothko, Jackson Pollock und andere reale Vertreter des Abstrakten Expressionismus, deren Freund und Mäzen Karabekian in dem Maße wird, wie seine eigenen malerischen Ambitionen an ihre Grenzen stoßen. Nachdem jedoch einige seiner Schützlinge und Saufkumpanen verunglückt sind oder Selbstmord begangen haben, zieht er sich nach Long Island zurück und hütet auf seinem weitläufigen Gelände ein Geheimnis in einer Scheune, die niemand betreten darf.

Der groteske und durchaus unterhaltsam erzählte Lebenslauf des zur Abstraktion bekehrten realistischen Werbe-Illustrators findet einen ernsthaften Fluchtpunkt in zwei Völkermorden des 20. Jahrhunderts. Den ersten erleben die Eltern des Erzählers, den zweiten er selber, als er sich als Kriegsgefangener am Tag der deutschen Kapitulation mit anderen Opfern des nationalsozialistischen Terror-Regimes in einem grünen Tal der plötzlichen Freiheit wiederfindet, unter halbtoten Insassen von befreiten Konzentrationslagern, Zwangsarbeitern und anderen Internierten. Diesem schrecklichen Bild des plötzlichen Friedens hatte Karabekian insgeheim sein allerletztes Bild gewidmet. Es ist ein detailfreudiges und realistisches Gemälde von so gewaltigen Ausmaßen, daß es die gesamte Länge der Scheune einnimmt, die er einst für seine abstrakten Großformate gemietet hatte und in der er schließlich das Kolossal-Gemälde vor der Welt verborgen hält, wie einst Blaubart das einzige verschlossene Zimmer seiner Burg. Der Werbe-Illustrator ist nach seiner Odyssee durch die Abstraktion zur realistischen Kunst zurückgekehrt.

Die Enthüllung des realistischen Bildes ist der Fluchtpunkt einer außerordentlichen und bewegenden Reflexion über die Leistungsfähigkeit der Kunst in der Moderne. Vonnegut setzt der heruntergekommenen Tradition realistischer Kunst zunächst die Bildverweigerung des Abstrakten Expressionismus entgegen. Damit gerät eine Kunstauffassung ins Blickfeld, die bei der allfälligen Diskreditierung der abstrakten Kunst hierzulande gerne übersehen wurde, nämlich die des bewußten und emphatischen Abbildungsverzichts. Sie verdiente schon deswegen das Interesse der Kritiker, weil sie eine jüdische Strömung in der modernen

Ästhetik kennzeichnet, wie der abstrakte Expressionismus überhaupt auch als eine Reflexion über die Möglichkeit von Kunst in der Geschichte des 20. Jahrhunderts zu verstehen ist. Die Bildverweigerung der Abstraktion läßt sich ja nicht global als bequeme Desertion ins Ungefähre und Beliebige disqualifizieren, sie ist auch eine Pathosformel des artistischen Widerstands gewesen, nicht überall, aber eben doch auch.

Vonneguts Held verwirft schließlich auch diese Position. Auch sie scheint ihm zu schwach angesichts dessen, was seine Eltern und er selbst *erlebt* haben. Er verwirft die Kunst in jeder Form als harmlos, die diese Erfahrungen nicht wiedergeben kann. Zunächst sieht es so aus, als ob mit der Abwendung von der Abstraktion und der Rückkehr zum illustrativen Realismus diesem eine neue historische Legitimität zugesprochen werden sollte. Aber nach der Öffnung der Scheune muß der Künstler erkennen, daß die Kunstwelt solche Bekehrungen nicht goutiert, dafür aber ein begeistertes Publikum, das die Synopse des historischen Horrors als Touristenattraktion, als Jahrmarkt des Schreckens florieren läßt – wer denkt hier nicht an Werner Tübkes Bauernkriegspanorama in Bad Frankenhausen, von dem man Anfang 1991 schon den 250 000. Besucher meldete?

Kunst und Literatur. Hinter Vonneguts Konfrontation von Realismus und Abstraktion in der Malerei scheint sich aber in Wahrheit eine andere zu verbergen, nämlich die von Kunst und Literatur, wie sie auch in der Argumentation von Grass vermutet werden darf. Vonnegut gibt der Literatur, die solche Konfrontationen überhaupt noch darstellen kann, offenbar den Vorzug vor der bildenden Kunst, die weder mit dem einen noch mit dem anderen Extrem der modernen Wirklichkeit gerecht wird. Vonnegut, der mit *Schlachthof 5* einen der maßgeblichen Romane über den Zweiten Weltkrieg, nämlich über die Zerstörung Dresdens, geschrieben hat, spielt die epischen und distanzierenden Möglichkeiten der Literatur gegenüber den entweder blendend realistischen oder abblendend abstrakten Möglichkeiten der modernen Kunst aus. Nur die Literatur scheint noch in der Lage zu sein, die Probleme der Kunst, auch die der Malerei, nachvollziehbar darzustellen, und wäre ihr darin überlegen. Vonneguts sarkastischer Streifzug durch die Widersprüche der Moderne bleibt aber ohne eine solche griffige Lösung, nämlich in einer Schwebe, die Ästhetizismus wie engagierte Naivität gleichermaßen ausschließt. In dieser undogmatischen Ratlosigkeit scheint, auch wenn man Vonneguts eigene literarischen Strategien betrachtet, die einzige angemessene künstlerische Reaktion auf die ästhetischen Fragen des modernen Krieges und des Völkermordes zu liegen. Diese Fragen sind nicht zu beantworten, aber sie sind deswegen nicht müßig – sie zeigen, wie unkonventionell sich Geschichte, persönliche Erfahrung und künstlerische Ausdrucksformen vermischen und verwischen können, ohne daß irgendwo ein Patentrezept herausschaute.

Der neue Typ. Überraschend an der Kritik von Grass war nicht zuletzt, daß er das Problem der Abstraktion zu einem Zeitpunkt aufgegriffen hat, an dem es im Westen historisch schon längst in verschiedenen Hinsichten erledigt war. Denn die Nachkriegs-Abstraktion konnte sich ihrer Erfolge ja nicht lange ungetrübt erfreuen. Dafür dürfte maßgeblich ihre schnelle *Akademisierung* verantwortlich gewesen sein. Die abstrakten Künstler, die Ende der 50er und in den 60er Jahren an die Kunstakademien berufen worden waren, erzogen ihre Studenten zwar im Geist des Informel und der Subjektivität, aber die Absolventen waren keineswegs stets abstrakte Musterschüler. Anfang der 60er Jahre waren die ersten Zeichen an den Akademien unübersehbar, die schon auf einen Überdruß an der Abstraktion schließen ließen, in der Auseinandersetzung mit Tachismus und Informel artikulierte sich eine neue Generation von Künstlern, deren Namen heute zählen wie einst die von Beckmann, Kirchner, Grosz oder Dix: Baselitz studierte bei Hann Trier, Polke bei Gerhard Hoehme, Richter bei K.O. Goetz und Haacke bei Fritz Winter. Der Beuys-Schüler Jörg Immendorff konterte die Akademisierung des Informel gar mit der gemalten Aufforderung „Hört auf zu Malen“ (1966). Eine heute international maßgebliche Generation von Malern kündigte ihren abstrakten Lehrern die Gefolgschaft, die noch in dem Glauben lebten, daß die Abstraktion der endgültige Zustand der modernen Malerei war, der Kulminationspunkt ihrer Geschichte.

Baselitz ist für seine Generation der kurz vor und während des Zweiten Weltkrieges Geborenen der vielleicht markanteste Exponent. Am Anfang seines Œuvres stehen Werke, die lange unbeachtet blieben. In der Tat könnte man heute den Eindruck haben, daß er zwanzig Jahre lang aufsehenerregend auf dem Kopf malen mußte, bis man den überragenden Rang seines Frühwerks erkannte. Es handelt sich um Gemälde, Zeichnungen und Radierungen, die 1965 und 1966 entstanden sind. Günther Gercken hat sie 1973 unter der Bezeichnung „Ein neuer Typ" inventarisiert: „*Bezeichnungen* /Hirte, Partisan, Rebell, Roter, Grüner, Versperrter (. . .)./*Kennzeichen* /Jugendlich männliche Figur, meist stehend, aber auch sitzend oder kauernd, die als Zentralfigur das Bild beherrscht, von riesenhaftem Wuchs, betont durch Verkleinerung des Kopfes und Vergrößerung der Hände, die stigmatisiert sind, eine Fahne oder eine Palette halten, ein brennendes Haus oder eine Karre auf der Handfläche tragen (. . .) *Gebärde* /der Ergriffenheit, des gewaltlosen Überwältigtseins, des Sich-Ergebens, des Erleidens./*Charakterisisierende Gegenstände* /Pflug, Egge, Karre, Tornister mit Malwerkzeug, Palette, Fahne, zerfetzt, gesenkt, am Boden liegend./*Landschaft* /Verbrannte Erde, kahle Bäume mit abgebrochenen Ästen, Baumstümpfe mit Jahresringen, in der Erde versinkende Kreuze, brennende Häuser, Ruinen./(. . .) *Tiere* /Hunde, Schafe, Enten und Schweine begleiten den Hirten. Vogelschwärme vor der sinkenden Sonne./*Bildnerische Herkunft* /Darstellung von Heroen, Bannerträgern, Landsknechten, Soldaten, Ständen und Berufen. (. . .)"[13]

Das ist ein *neues Inventar der Nachkriegsmalerei*, kein Dokument der urbanen Katastrophe, der ruinierten Metropole, sondern eine ländliche Szenerie, eine Landschaft der „verbrannten Erde". In dieser bewegt sich eine Figur, die es aufgegeben hat, in Ruinen und anderen Spuren der Vernichtung allgemein gültige Symbole, kollektiv lesbare Zeichen zu hypostasieren, wie sie stets Gefahr laufen, schnell trivial zu wirken. Es ist ein Einzelner, den wir hier sehen; die Gemälde belegen einen Prozeß der Individuation, wie ihn Baselitz insgesamt in sein Werk der 60er Jahre eingeschrieben hat, hier aber in herausragender Weise, weil sich individuelles Schicksal und historisches Umfeld verschränken.

In archaisch-pathetischer Formulierung wird die Problematik der Künstler-Rolle mit der Erfahrung eines Krieges verknüpft, für den ein verwüstetes Land und brennende Häuser stehen, als wären sie Opfer des Dreißigjährigen Krieges geworden. Geräte der agrarischen Arbeitswelt kontrastieren die großstädtische und industrialisierte Erfahrungswelt des Betrachters, gesenkte Fahnen erscheinen wie Signale der Niederlage. Die immer wiederkehrende, hoch aufgerichtete Figur des Einzelgängers, als Künstler erkennbar an mitgeführten Requisiten, ist auch ein Grenzgänger, der durch einen Mauerdurchbruch ins Bild tritt. Es wäre, selbst angesichts des Jahres, in dem das Bild gemalt worden ist, vielleicht eine Überinterpretation, in dieser Mauer das Zeichen jener deutsch-deutschen Grenze erblicken zu wollen, die Baselitz 1958 überquert hatte, um fortan im Westen zu leben. Aber es war sicher kein Zufall, daß Baselitz im Westen als Künstlernamen den seiner Geburtsstadt annahm: Das verbrennende Haus kann als Metapher der verlorenen Heimat gelten; deutsch-deutsche Nachkriegsgeschichte hat in diesen Bildern von Baselitz die *Konturen eines individuellen Dramas* angenommen wie der große verheerende Krieg, in dessen qualmender Asche der Künstler umherzustreifen scheint; zur Malerei entschlossen, aber von sadistischen Handfallen, Gitterverschlägen oder anderen Ingredienzen einer Strafkolonie „versperrt", wie es in Bildtiteln heißt. Es ist ein *Maler auf der Suche nach einem Œuvre*, den man dort erblickt, und als Kulisse dieser Selbstfindung gerät das Bild einer Wüstenei ins Blickfeld, das Nachkriegsdeutschland in vielen Hinsichten geboten haben muß.

Verbrannte Erde. Baselitz hat diese Thematik schon vor Ende der sechziger Jahre aufgegeben, nachdem er zunächst mit der Fragmentierung des Bildgefüges und dann ab 1969 mit der Motivumkehr seinen Eingang in ein unverwechselbares und ausbaufähiges Œuvre gefunden hatte. Aber er hat die einmal abgehandelte Problematik, nämlich die Verschränkung von individuellem Schicksal, Künstlerrolle und deutscher Nachkriegsgeschichte, später wieder aufgegriffen.

Anfang der siebziger Jahre hat dann Anselm Kiefer ein neues Verständnis von der Malbarkeit der Geschichte geprägt und sich mit seinem extrem erfolgreichen Werk nicht nur in die Annalen der Kunstgeschichte, sondern auch in die des Kunstmarktes eingeschrieben. Ja, es kennzeichnet die Beliebigkeit, mit der hierzulande Marktfeindlichkeit und Kunstkritik vermischt werden, daß man ihm ebenso wie den abstrakten Malern der Nachkriegszeit den Markterfolg vorhielt, als entstamme er einer zynischen Kalkulation. Unterstellte man den Abstrakten, sich mit einer Konjunktur des Vergessens arrangiert zu haben, so geriet Kiefers Thematisierung des Nationalsozialismus und des Krieges in den Ruf, auf nationalistische Ressentiments zu spekulieren – der Markterfolg taugt hierzulande eben von vornherein zum Gegenargument der Kunstkritik.

In Kiefers Werken schien es sich zunächst, wie bei dem frühen Baselitz, um Zeugnisse einer abgelegenen Individuation zu handeln: Ein Jüngling taucht mit brennendem Zweig im Wald auf, ein Brandstifter im Gemeindeforst, und später sollte er sich mit „deutschem Gruß“ auf ausländischen Plätzen und vor Monumenten fotografieren lassen, die im Zweiten Weltkrieg vorübergehend „großdeutsch“ gewesen waren. Kiefer befaßte sich mit dem deutschen Nationalismus und Nationalsozialismus auf mißverständliche, ja abenteuerliche Weise, die jedoch wegweisend sein sollte für die Interpretation des Zusammenhangs von Geschichte und Malerei. Denn Kiefers Werk der siebziger und frühen achtziger Jahre nimmt sich aus wie eine *Analyse der deutschen Hybris,* wie eine Psychotherapie, die täglich gelebt wurde – wenn auch sicher nicht im orthodoxen Sinn einer ihrer Schulen –, bei der ein Einzelner den Wahn und die Schuld einer ganzen Nation durcharbeiten wollte – Hybris also noch in der Entgegnung. Kiefer war wohl der erste, der sich selbst so zu überschätzen traute, daß er sich an eine Thematik heranwagte, für welche die moderne Malerei eigentlich keine legitimen Darstellungsmittel mehr zu haben schien.

Sein Werk der siebziger und frühen achtziger Jahre gründete

auf der Durcharbeitung des „verfälschten Erbes", des nationalsozialistischen Verschnitts der deutschen Traditionen. Das läßt sich anhand des Dachboden-Motivs ebenso nachweisen wie an dem der Hermannsschlacht.[14] Kiefer hat sie nicht als Ereignis germanisch-römischer Geschichte ausgewählt, sondern in ihrer Bedeutung als Topos der deutschen Geistesgeschichte. Der Emigrant Helmuth Plessner hat diesen Topos 1935 in seinem Buch „Die verspätete Nation" als Chiffre eines durchgehenden Konflikts der germanischen mit der romanischen Welt analysiert, der sich für die nationalsozialistische Propaganda bestens eignete: „Deutsches Staatsbewußtsein sucht sich in der Geschichte zu verankern, in einer Perspektive auf die realen Anfänge, aber als Ankergrund bietet sich immer wieder die naturhafte Ursprünglichkeit. Und wenn es sich, stolz auf sein ewiges Barbarentum, gegen den älteren, glücklicheren, nüchternen Westen verteidigt, scheint es, als bildeten alle großen Aufbrüche deutscher Geschichte: der Krieg gegen Napoleon, Luthers Reformation, Widukinds Widerstand gegen Karl *einen* Kampf der Riesen gegen Rom, den Armin, der Cherusker, begann."[15]

Es ist auf der Höhe dieser Erkenntnisse, wie Kiefer die Hermannsschlacht zum Gegenstand einer neuen Historienmalerei macht: Seine Holzdrucke und Gemälde zeigen die Portraits von Dichtern und Philosophen, die sich mit dem Thema der Hermannsschlacht befaßt haben, unter anderen historischen Figuren, die als Militärs, als „Heroen" oder Parteigänger des Nationalsozialismus an die letzte Aktualisierung der Thematik gemahnen. Indem Kiefer das Ereignis, nämlich die Hermannsschlacht, die ein Maler des 19. Jahrhunderts, Rethel etwa, noch so unbefangen gemalt hätte, als sei er dabei gewesen, auflöst in die Autoren seiner Überlieferung, löst er sich aus dem Bann der Ereignisgeschichte, wie sie für die Historienmalerei stets Bezugspunkt war. An deren Stelle tritt eine rezeptionsgeschichtlich geschulte Auffassung von Geschichte, die in den Quellen der Überlieferung auch solche einer Konstruktion, ja, einer Fälschung zu erblicken vermag. Kiefers Historienmalerei galt der unsichtbaren Grenze, auf der Geschichte in Legende umschlägt und die Gegenwart sich die Vergangenheit zurechtlegt. Sie ist eine in der Tat abstrakte Malerei, aber im geschichtsphilosophischen Sinn.

Sie hielt noch einen anderen Kontakt zur Abstraktion, der den Atelierbesucher verblüffte. Denn viele Leinwände, die halbfertig in Kiefers Atelier herumstanden, konnten sich wie gelungene und suggestive Gemälde des Informel ausnehmen. Mancher Künstler der fünfziger und sechziger Jahre hätte mit ihnen unter seinesgleichen renommieren können. Aber für Kiefer waren sie nicht mehr als Zwischenstadien, Rohformen, aus denen es das eigentliche Bild herauszuholen, zu erpressen galt: Vielleicht war die abstrakte und informelle Malerei der fünfziger und sechziger Jahre auch ein solches notwendiges Zwischenstadium, bevor sich daraus Gemälde entwickeln ließen, die der deutschen Geschichte und Nachkriegswirklichkeit nahekamen.

Die unästhetische Demokratie

Die Wiedervereinigung der Kunst

Zunächst die gute Nachricht: Die deutsche Wiedervereinigung ist nicht an der Kunst gescheitert! Muß das nicht wundernehmen in einem Land, das die Kunst während der letzten hundert Jahre politisch überschätzte bis zur Maßlosigkeit? Hätte Wilhelm II. nicht ebenso wie Hitler oder Ulbricht die Kunst in einer historisch so bedeutsamen Situation zur erstrangigen Staatsaffäre gemacht, der Kaiser und der Führer sogar mit detaillierten Skizzen eigener Hand? Kohl tat es nicht und hätte es auch nicht gekonnt, wenn er gewollt hätte, denn mit der Kunst ist kein Staat mehr zu machen. Das ist eine der Lehren, die aus dem Bankrott der DDR zu ziehen sind. Hierzulande hatte man sie schon früher gezogen, wie der Innenhof des Kanzleramtes beweist. Dort steht nicht die Skulptur irgendeines artistischen Schmeichlers der Macht, noch überhaupt eines deutschen Künstlers, sondern ein Werk Henry Moores. Ließ sich die westeuropäische Öffnung der Bundesrepublik markanter und zugleich ironischer manifestieren als durch diese Entscheidung Helmut Schmidts?

Dann die schlechte: Eine rabiate Erbe-Diskussion begleitete die Wiedervereinigung. Wie hoch darf und muß man die DDR-Kunst hängen und vor allem: wohin? Georg Baselitz hatte den Streit belebt mit einer derben Beschimpfung bekannter DDR-Maler, aber die Fronten sind alt und dieser Krieg war nie kalt. Zahlreiche Stellungnahmen folgten und markierten neben der Diskussion um Christa Wolf einen zweiten Schauplatz des intellektuellen Kleinkriegs im Rahmen der schwierigen Wiedervereinigung.[1] Viele Teilnehmer dieser Debatte beklagten das Niveau der Auseinandersetzung – eine bei politischen Streitgesprächen allerdings übliche teutonische Koketterie –, und alle behaupteten, es ginge um ästhetische Fragen, behandelten aber vorwiegend moralische. Worum ging es also, worum geht es noch?

Zunächst ist es ein Streit um zwei sich gegenseitig ausschließende Kunstbegriffe, eine sehr deutsche Debatte also über nichts geringeres als die Substanz der Kunst. Auf der einen Seite ein radikal moderner Kunstbegriff, dem Freiheit bis zur surrealistischen Willkür, Subjektivität bis zum van Goghschen Wahn und der Vorrang der Form bis hin zur Abstraktion verbürgt sind. Er wird gegen traditionalistische DDR-Künstler gesetzt, die noch an Motiv und Thema, Symbol und Botschaft sowie an die historische Verbindlichkeit der Form und eine soziale Verbindlichkeit der Kunst glauben wollten. Das besondere an diesem ästhetischen Frontenverlauf ist, daß beide Kunstbegriffe nach wie vor auf gegenseitige Verachtung geeicht sind, nicht nur der antimoderne des Ostens. Weil der radikal moderne Kunstbegriff im Westen zu Recht als unverzichtbar gilt, wollten seine Anhänger ihn immer schon als den einzig denkbaren ausgeben. Doch gewinnt die Moderne damit eine Eigenschaft, die ihr nie gut gestanden hat, sie wird dogmatisch, der Streit lohnt sich also auch in dieser Hinsicht.

Stellvertreterkrieg. Georg Bussmann, der hierzulande schon DDR-Maler ausgestellt hat, als man dafür noch eine sehr schlechte Presse aus fast allen politischen Windrichtungen bekommen konnte, belebte die Diskussion mit der These, daß es sich bei den Auseinandersetzungen um Christa Wolf und die DDR-Malerei nur um Stellvertreterkriege handele: Der unbezweifelbare Triumph der Marktwirtschaft über die bürokratische Planmisere sei für die Gewinner unanschaulich und mit einem kaum zu verdrängenden Unbehagen behaftet, so daß es anderer Triumphe bedürfe, um jenen genießen und feiern zu können. In der Tat: Stadtstreicher in einer Fußgängerpassage des Sommerschlußverkaufs oder agile Parasiten der Wohnungsnot inspirieren kaum dazu, den Sieg der Marktwirtschaft als kulturellen Triumph zu feiern. Niemand hierzulande traut dem Markt wirklich, auch jene nicht, die ihm mehr zutrauen als allen anderen ökonomischen Systemen, sonst bedürfte es nicht der zahlreichen politischen und juristischen Kontrollen, die dem anarchischen und selbstsüchtigen Geschehen Grenzen ziehen. Mit der

Überlegenheit der Marktwirtschaft läßt sich zwar politisch werben – nun sogar mit einem historischen Erfolgsnachweis –, aber diese Werbung ist profan und unästhetisch. Hat Bussmann also recht, muß die Kunst, wie einst in den Jahren des Kalten Krieges, noch einmal zur Veranschaulichung der Tugenden dienen, welche die schwierige und labile Balance von bürgerlicher Demokratie und kapitalistischem Wirtschaften garantieren sollen: Meinungsfreiheit, Zivilcourage, Individualismus und Risikobereitschaft?

Sollte die Auseinandersetzung um die DDR-Maler tatsächlich ein Stellvertreterkrieg sein – eine These, die Günter Kunert auch für den Streit um Christa Wolf verfochten hat –,[2] er würde schon allein deshalb zu Recht geführt, weil der Krieg gegen die Moderne in der DDR auch schon ein Stellvertreterkrieg war. Die unangepaßten Künstler wurden mundtot gemacht, um die Meinungsfreiheit noch des unscheinbarsten Genossen zu treffen. Diese tyrannische Notwendigkeit überschnitt sich aber mit dem offenbar von Malern und Politikern geteilten Glauben an eine sozialutopische Transzendenz und moralische Verantwortung der Kunst. Im Arbeiter- und Bauern-Staat der Leibeigenen ist dieser Mythos komischerweise viel ernster genommen worden als in der bürgerlichen Gesellschaft, die ihn hervorbrachte. Heute wird in der Ablehnung der DDR-Maler natürlich auch dieser besondere Anspruch attackiert; eine Kunst, die sich viel auf ihre moralische Sendung zugute hielt, provoziert zwangsläufig eine moralische Beurteilung, die freilich auch reichlich Nahrung findet. Doch ist dies, worauf Eduard Beaucamp besteht, nur eine Sackgasse der Diskussion. In der Tat hat man den Eindruck, daß die Debatte nicht nur durch moralische Probleme inspiriert wurde, sondern auch durch den Erfolg von DDR-Künstlern bei westdeutschen Sammlern und Kritikern, durch ihr Ansehen auf dem hiesigen Kunstmarkt, das niemand so richtig erklären kann.

Der unästhetische Kunstmarkt. Denn welches gemeinsame Interesse verbindet die ansonsten recht bunte Schar, die hierzulande die neuere DDR-Malerei schon länger verteidigt hat? Zu ihr zählen Uwe Schneede und Georg Bussmann, die als damalige

Kunstvereinsleiter schon Mitte der siebziger Jahre Sitte und Mattheuer ausgestellt haben und sich deshalb als Extremisten verketzern lassen mußten, der Kunstkritiker der Frankfurter Allgemeinen Zeitung, Eduard Beaucamp, der Fabrikant Peter Ludwig sowie der Altbundeskanzler Helmut Schmidt, der sich von Heisig und nicht von einem westdeutschen Maler für die Ahnengalerie der Zweiten Republik portraitieren ließ – auch das eine künstlerische Entscheidung als politisches Signal. Geht es um den Rückimport einer verloren geglaubten moralischen Transzendenz der Kunst, welche die bürgerliche Gesellschaft sich selbst nicht mehr zutraut, derer sie aber so sehr bedarf, daß sie sogar einheitssozialistische Schrammen in Kauf nimmt? Oder dominieren, wie Jürgen Hohmeyer vermutete, die Interessen einer „gebildeten Klientel, die mit der schwierigen, radikalen, alles in Frage stellenden West-Avantgarde Probleme hat und die sich eine Art klassischer Moderne von heute wünscht, auf hohem Niveau, doch mit erkennbar bedeutendem Sujet"?

Jedenfalls ist der Streit nicht nur ein politischer Stellvertreterkrieg, sondern es geht auch um real existierende Marktanteile: Die Verunglimpfung der DDR-Maler soll ohne Zweifel auch ihre hiesigen Sympathisanten treffen. Denn schon seit rund fünfzehn Jahren vor der „Wende" ist DDR-Kunst in den Westen gelangt, zuletzt hatte der Staatliche Kunsthandel sogar eine Koje auf dem Kölner Kunstmarkt und in hiesigen Galeristen feste Handelspartner; Ausstellungstourneen, Katalogbücher und Reportagen in Kunstmagazinen machten den Import auch breitenwirksam. Das hat immer schon zu Reibereien geführt, aber mit der Wende wurde es plötzlich ernst, weil die neue politische Lage den hiesigen Kunstmarkt gründlicher durcheinanderbrachte als zuvor. Hatten sich Anfang der siebziger Jahre gestandene Händler realistischer, surrealistischer oder dezent-moderner Aktualitäten darüber grämen müssen, daß ihre Stammkundschaft plötzlich irgendwelchen Hallodris hinterherlief, die mit Fett, Stahlplatten oder Neonröhren handelten, so stand nun der umgekehrte Effekt zu befürchten: Traditionalistische Kunst wurde wieder salonfähig. Dafür sorgte die Aufkündigung der Allianz von Tyrannei und Kunst durch die Geschichte; traditionalistische Kunst ist bald nur noch historisch, aber nicht mehr akut wegen ihrer Vereinnahmung durch Stalinismus und Nationalsozialismus zu diskreditieren. Den bislang als sicher geltenden Nachweis, daß nur tyrannische Systeme diese Kunst fördern, brauchen und ertragen, wird gerade der Markt, der große Gleichmacher, über kurz oder lang widerlegen: Er wird die historischen Konturen milde verwischen, die Koexistenz beider deutscher Künste relativ friedlich etablieren und damit der bürgerlichen Kunstanschauung entsprechen, die Geschichte nicht vollstrecken, sondern vergessen will.

Der Schloßbesitzer Baselitz ist über jeden Verdacht erhaben, aus kleinlichen ökonomischen Gründen gegen diese Wiedervereinigung des Kunstmarktes zu argumentieren. Aber in seiner Abkanzelung der DDR-Maler spürte man auch den Zorn des Emigranten darüber, daß sich der Kunstmarkt ausgerechnet für die polit-ökonomischen Nesthocker des SED-Sozialismus, die ehemaligen Gegner einer freien Konkurrenz geöffnet hat. Der Markt ist eben kein verläßlicher Verbündeter, weil er nur nach dem Prinzip von Profit und Konkurrenz handelt. In dieser Konkurrenz hat sich Baselitz als einer der wichtigsten deutschen Maler international bewährt, aber mehr als Konkurrenz wird er seinen ungeliebten Kollegen aus der DDR auch nicht in den Weg stellen können. Denn auch er kann die großartige bürgerliche Synthese aus Ethik und Ästhetik nicht mehr herstellen, die der Markt längst an der Sollbruchstelle zersetzt hat. Der Kunstmarkt ist in moralischer Hinsicht nämlich eher gleichgültig, auch gegenüber seinen eigenen Traditionen, aber seine Führungsrolle wird er sich nicht mehr nehmen lassen.

Substanzlehre. Die vom Bürgertum zur Korrektur des Kunstmarktes eingerichtete Institution, das Kunstmuseum, wird auf Dauer sich der Integration nicht verschließen, zumal es eine regionale, keine zentralistische Einrichtung ist. Hier wird das eigentliche Dilemma offenkundig: Wenn die Attacke auf die DDR-Kunst über den Charakter von Stellvertreterkrieg und Marktgeschrei hinaus den einer substantiellen ästhetischen Debatte annimmt, fehlt es entschieden an scharfer Munition. Sie ist dort, wo man sie sicher aufbewahrt glaubte, schon längst verrostet. Ästhetische Kriterien kursieren nur noch als kurzlebige Richtwerte, akademische Memorabilien oder in jener Form des Atelier-Solipsismus, die Baselitz kultiviert und bei verschiedenen Gelegenheiten glänzend verteidigt hat.[3] Der Markt hat die Ästhetik längst in Zahlung gegeben und vergessen, bei wem; er hat jedes Kartell ästhetischer Meinungsführerschaft gesprengt und statt dessen Volksaktien ausgeteilt.

Das Dilemma zeigt sich deutlich in der Frage nach der Museumswürde der DDR-Malerei. Siegfried Gohr weigerte sich als Direktor des Kölner Museum Ludwig bis zum bitteren Ende, DDR- und andere Ost-Kunst aus den überreichen Sammlungen seines Patrons auszustellen. Das verdient Respekt, zumal Ludwig ein aus vielen, darunter auch guten Gründen umstrittener En-gros-Importeur von Ost-Kunst ist und ein einflußreicher, aber nicht gewählter Kulturpolitiker dazu. Weniger überzeugend waren Gohrs Argumente. Er favorisiert eine gängige ästhetische Substanzenlehre, mit deren Hilfe man in der Kunst das Gift der Unfreiheit erkennen kann, unter der sie entstanden ist oder für die sie einst stand. Das ist eine unfreiwillige Karikatur der ästhetischen Substanzenlehre des Ostens. Auch dort vermochte man aus Filz Dekadenz und aus Abstraktion soziale Verantwortungslosigkeit herauszulesen, eine Denkweise, die dem Handlesen verwandt ist, nicht den besseren hermeneutischen Traditionen, und eigentlich keiner Karikatur mehr bedürfte.

Die Polemik gegen die DDR-Kunst konnte daher nicht darüber hinwegtäuschen, daß der Kunst auch ihre westlichen Selbstverständlichkeiten abhanden gekommen sind. Sie verliert ihre hiesige transzendentale Bedeutung, die nicht im „Vorschein" eines von der Sonne der Geschichte beschienenen Kollektivs bestand, sondern in der Apotheose des bürgerlichen Individualismus und seiner subjektiven Meinungs- und Entscheidungsfreiheit. Dafür wurde die jeweils modernste Kunst gerne gegen den polit-ästhetischen Konformismus des Ostens aufgefahren. Denkt man diesen relativ kunst- und menschenfreundlichen Gedanken aber heute zu Ende, dann kann nicht länger eine bestimmte Kunst für die demokratische Gesellschaft stehen, sondern nur die völlige Wahlfreiheit sowohl des Künstlers als auch des Käufers. Paradoxerweise wird sich also der Triumph von Demokratie und freier Marktwirtschaft nicht mehr durch die alleinseligmachende moderne Kunst repräsentieren lassen, weil gerade der Markt diesen Anspruch unterhöhlt. Selbst wenn die Debatte hitziger gewesen wäre, hätte sie nicht überspielen können, daß sie den Beginn einer neuen ideologischen Bedeutungslosigkeit der Kunst markierte, die Günter Kunert für die Literatur als „Sturz vom Sockel“ bezeichnet hat. Die Kunst wird aus der Rolle politischer Repräsentativität entlassen, die sie im Kalten Krieg eingenommen hat, und allenfalls noch für die politische Repräsentation benötigt – die real existierende Postmoderne bricht über Deutschland herein.

Die Greuel der Demokratie. Ohne Zweifel ist Toleranz gegenüber jeglicher Kunst eine Stärke der bürgerlichen Demokratie. Sie stellt ihre Überlegenheit stets dort unter Beweis, wo sie das ihr feindlich Gesonnene aufgreift, verwertet und dadurch transformiert. Das ist nicht nur ironisch gemeint: Mit der Entscheidung, die künstlerische Hinterlassenschaft des besiegten Adels nicht zu zerstören, sondern zu musealisieren, hat die Französische Revolution vor zweihundert Jahren einen modernen Maßstab gesetzt, an dem sich seither jeder Umgang mit Kunst messen lassen muß. Aber ist diese einzigartige Integrationsfähigkeit der Demokratie nicht im Endeffekt ein ästhetischer Pyrrhus-Sieg? Ja, der Triumph der Demokratie ist zutiefst unästhetisch, und zwar nicht nur im Sinne der philosophischen Disziplin, sondern auch vom Augenschein her: Das Inkommensurable wird nebeneinander gehängt, das Unvereinbare gleichzeitig angepriesen, das sind die Greuel der Demokratie. Sie liegen im Ausgleich, der keinen Beteiligten zufrieden stellt, im zäh ausgehandelten Kompromiß, im Beschwichtigen und Abwiegeln, kurz: im Kult des kleinsten gemeinsamen Nenners, der das höchste Wesen unserer Gesellschaftsform ist, dem sich aber kein Tempel errichten ließe.

Die Schrecken der Demokratie erscheinen manchen Betroffenen größer als selbst die Schrecken der Tyrannei, weil nämlich keine schnittige Ideologie sie exkulpiert, allenfalls der liberale

Verschnitt, demzufolge nur die freie Konkurrenz aller Ideologien in der Lage ist, ihre jeweiligen Vertreter in Schach zu halten. Die Schrecken der Demokratie sind aber ihr paradoxer Triumph: Man lebt angenehm mit ihnen und möchte sie keinesfalls missen, auch wenn man sie nicht richtig feiern kann – wie sollte auch eine Apotheose des Kompromisses aussehen?

Nach der hiesigen und vor der zwischendeutschen Wende hat Karl Heinz Bohrer ausführlich und eindrucksvoll belegt, daß die westdeutsche Demokratie gegenwärtig keine sonderlich elegante Regierungsform ist.[4] Etwas ähnliches dürfte der unterlegene peruanische Präsidentschaftskandidat und Schriftsteller Vargas Llosa mit der saloppen Bemerkung gemeint haben, daß die Demokratie keinen Sex-Appeal besitze. Es ist im Vergleich zur Tyrannei ihre offenkundige Schwäche. Tyranneien sind ästhetisierbar, von der römischen Kaiserzeit bis zu Nationalsozialismus und Stalinismus reicht die Kette der Belege. Daß auf deutschem Boden gleich beide der letzten Varianten dieser Ästhetisierung durchgespielt wurden, zeigt, wie tief verwurzelt gerade hier die Vorbehalte gegen die schnöde und unästhetische Demokratie sind. Sie reichen weit in das 19. Jahrhundert zurück. Der deutschstämmige, aber angelsächsisch denkende Jude Fritz Stern hat in seinem Buch „Kulturpessimismus als politische Gefahr" gezeigt, daß die verhängnisvolle antidemokratische Tradition im Wesentlichen eine ästhetische Opposition gegen den nüchternen und mechanischen bürgerlichen Interessenausgleich war.[5] Das Leiden daran, daß die bürgerliche Demokratie so unästhetisch ist, ist in Deutschland immer noch weit verbreitet, die Sehnsucht nach Kompensation zuzeiten bei den verschiedensten Intellektuellen groß, die man nicht in einem Atemzug nennen dürfte. Hierzulande muß man den ästhetischen Vorbehalt gegen die Demokratie ebenso ernst nehmen wie die Ästhetisierung der Tyrannei. Denn es ist ein Land, das zu Extremen neigt. Man konnte das in den letzten vierzig Jahren manchmal vergessen, weil die Extreme in zwei Staaten so unangreifbar normalisiert waren, daß deren Befürworter im jeweils anderen nicht verbeamtet wurden. Doch als man erfuhr, daß die Terroristen des einen zu polizeilich patentierten Normalverbrauchern des anderen mutieren konnten, sind die Extreme gerade im Prozeß der Vereinigung noch einmal aufgeblitzt. Man braucht nicht allzu lange über Deutschland nachzudenken, um zu verstehen, warum hier das dialektische Denken wenn schon nicht erfunden, so doch zur Reife gebracht werden mußte. Es ist das einzige Heilmittel für seine immer wieder aufbrechenden Wunden, aber es wird nur selten benutzt, denn in jedem ordentlichen Deutschen steckt ein rechtschaffener Bilderstürmer. Und damit sind wir zum Schluß wieder bei einer guten Nachricht: Die DDR-Kunst wurde – bis auf ein paar demontierte Denkmäler – nicht zerstört! Muß das nicht wundernehmen in einem Land, das die Kunst vor fünfzig Jahren politisch überschätzte bis zur Verbrennung? Sie wird uns häufiger begegnen, als es manchem recht ist, aber der Bilderstreit wird abebben in dem Maße, wie an die Stelle der Polarisierung die Information, die Gespräche, die Institutionalisierung und der kulturpolitische Alltag treten. Allein die Alchimie des Marktes garantiert schon jetzt, daß auch zusammenwachsen wird, was *nicht* zusammengehört.

Die Privatisierung des Geschmacks

Das gescheiterte Gesamtkunstwerk
Design zwischen den Stühlen

Janus. Zu den Künsten, die sich auf eine Muse berufen dürfen, hätte die Antike das Design nicht gerechnet. Selbst bei den nachträglichen Zuschreibungen der Neuzeit, als Malerei und Architektur sich eigene Musen zulegten, konnte das Design nicht bedacht werden. Bis heute fühlt sich keine der griechischen Damen verantwortlich für eine Tätigkeit, die in Deutschland bei ihrem angelsächsischen Namen gerufen wird und schon dadurch eine gewisse Heimatlosigkeit verrät. Doch kennt die antike Mythologie durchaus eine Figur, die sich als Schutzgottheit des Design empfiehlt, Janus nämlich, der die vordere Kopfhälfte gleich zweimal trägt. Es qualifiziert ihn dabei weniger, daß er für Türen, Schwellen und öffentliche Pforten zuständig ist, vielmehr, daß er für das Beginnen steht, für die ersten Stunden des Tages oder den ersten Monat des Jahres, der als Januar nach ihm benannt ist, warum also nicht auch für Skizzen und Entwürfe, Prototypen und Modelle? Und wenn er, kraft seines Doppelgesichts, in die Vergangenheit wie in die Zukunft schaut, so verkörpert er damit eine Eigenschaft, die jeden guten Entwurf auszeichnet, nicht erst seit der Postmoderne. Vor allem aber eignet er sich zum Halbgott der Designer, weil er sich nicht entscheiden kann, wo er hinschauen will: Janusköpfigkeit ist die extremste Form des Schielens, und Design ist eine schielende Kunst.

Denn Designer streben in der Regel ebenso nach ihrer Anerkennung als Künstler, wie sie auf ihr kommerzielles Ansehen als Fachleute und Unternehmer achten. Es zerreibt sie zwischen Handwerk und Industrie, weil sie mit einer Atelierphilosophie in einer Fabrikgesellschaft konkurrenzfähig bleiben müssen. Zwischen nüchternem Marketing und ästhetischer Gesellschaftsreform pendelnd, produzieren sie janusköpfige Waren, die nämlich im gleichen Maße gestaltet sind, wie sie ihrerseits das Alltagsleben gestalten. Ihre Formgebungen oszillieren zwischen Schaufenstereffekten, die schnelle Konsumreflexe hervorrufen sollen, und einem ästhetischen Sendungsbewußtsein, das sie letztlich in den respektablen Ruin treiben müßte. Zwischen dem öffentlichen Verfall des Stils und der Privatisierung des Geschmacks suchen sie nach einer lukrativen Chance, ihren subjektiven ästhetischen Prioritäten öffentliche Resonanz zu verschaffen. Doch bestenfalls für eine kurze Zeit schaffen sie es, einer Modewelle weithin sichtbar obenauf zu reiten, bevor sie schon von der nächsten zurück ins kalte Wasser des Vergessens geschwemmt werden. Richtig prominent wird kaum jemand unter ihnen, und wenn, dann stets die falschen, zumindest nach der Meinung der anderen, die ein (Nach-)Leben lang im kulturellen Niemandsland zwischen Anonymität und Urheberrecht verschüttet bleiben.

Aber womöglich ist gerade die Widersprüchlichkeit des Design seine Stärke. In ihm bildet sich die gesellschaftliche Entwicklung ab wie in kaum einer anderen Kunst. Design ist der sozialen und politischen Wirklichkeit näher, als es ein politischer Künstler oder sozialer Plastiker je annehmen dürfte, und seine Auswirkungen reichen weiter als noch der hybrideste künstlerische Anspruch. Das gilt aber auch in negativer Hinsicht: Weil Designerprodukte es weitaus häufiger nur bis zur Müllhalde schaffen denn ins Museum, hat sich neuerdings ein noch ungünstigeres Ansehen dieses Standes ergeben. Denn zwischen Luxus und Massenkonsum angesiedelt, geraten Designer zwangsläufig den Ökologen ins Visier, die ihnen eine Überfüllung der Müllplätze durch Kundenblendung, Konsumanheizung und den glitzernden Mißbrauch wertvoller Ressourcen vorhalten. Designer bieten sich für eine solche Verteufelung allerdings auch an, denn schließlich sind sie es ja, die häufig genug den Schein für das Wesen ausgeben.

Dabei sind sie so empfindlich. Lauscht man ihren Gesprächen über jene Dinge des Lebens, die Unbeteiligte für drittrangig halten würden, über Paginierung etwa oder Sofafüße, kann man sich manchmal des Eindrucks nicht erwehren, daß sie in einem Spannungsfeld zwischen Sensibilität und Hysterie geführt werden.

Und den ausgeprägten – und meist auch aufdringlichen – Geschmack eines Kollegen *nicht* zu teilen, kommt einer narzißtischen Kränkung gleich. Denn dort, wo ununterbrochen kaum abzusichernde Geschmacksurteile zu fällen sind – oft im Vorgriff auf Marktentwicklungen, mit deren Prognose selbst skrupellose Astrologen überfordert wären –, überleben zwangsläufig nur die ästhetischen Solipsisten. Ihr Dogmatismus nimmt mit dem Alter auf beängstigende Weise zu, ist aber häufig nur eine larvierte Depression, denn auch die durchsetzungsfreudigen laufen auf Dauer Gefahr, wie ihre verzagteren Kollegen zwischen den Erfahrungen eines merkantilen Alltags und ihrem Drang nach Höherem zu resignieren.

Lamento. Dieser Drang ist ausgeprägt. Es gibt wohl kaum eine andere Kunst, die so sehr um Anerkennung ringt, nach Überhöhung verlangt, wie das Design. Aber in der nivellierten Konsumgesellschaft müssen Designer ihre Heroisierung schon selber betreiben, wobei sie allerdings den Verdacht der Kundenwerbung nie ganz los werden. Es paßt ins Bild, daß sich hierfür kein Meisterdenker bereitfindet. Kein *nouveau philosophe,* kein charismatischer Ausstellungsmacher, kein seriöser Kunsthistoriker, kein kluger Feuilletonist nimmt das von den Musen verschmähte Kind auf den Schoß – die wenigen Ausnahmen hierzulande bestätigen immer noch die Regel. Vielmehr drängen alle dorthin, wo stilechtes Prestige zu erwerben ist, zu den nachdenklichen Podiumsdiskussionen über die Lage der Kunst, zu schwungvollen Eröffnungsreden über die letzten Wilden, in die Kataloge der Kunstmarkthelden oder die Regalmeter der Renaissanceforschung, neuerdings auch in eine eher kryptische Medientheorie.

Dagegen steht keine umfassende Geschichte des Design im Bücherregal, dort, wo sich die *Weltgeschichten der Kunst* in Metern messen lassen. Design-Geschichte wird, wenn überhaupt, nach Ländern geschrieben und für manchmal beliebig erscheinende Zeiträume, unter denen schon Dekaden wie Epochen gehandelt werden. Bestimmte Konsumartikel und herausragende Heldenfiguren der Gestaltung stehen im Mittelpunkt von manchmal hervorragenden Darstellungen, die aber nur eine bruchstückhafte Vorstellung von der historischen Gestalt und Bedeutung des Design geben.[1] Und grundsätzlich gelten die ausführlicheren Werke entweder nur dem Produkt- oder dem Grafik-Design – was beide gemeinsam haben, könnte vielleicht eine systematische Theorie des Design beantworten, nach der man allerdings auch vergeblich Ausschau hält.

Aber wie sollte diese auch aussehen? Denn so selbstverständlich wie heute spricht man ja hierzulande erst seit wenigen Jahrzehnten von Design und international erst seit rund 150 Jahren. Es war das Vorbild der deutschen Kunstgewerbeschulen, nach dem man in London 1837 die dortige „School of Design" gründete.[2] Damit wurde für den angelsächsischen Sprachraum ein Begriff institutionalisiert, der im deutschen noch lange unklar und unstet blieb. Kunsthandwerk oder Gebrauchskunst, Kunstgewerbe oder angewandte Kunst hieß hierzulande, was erst Werkbund und Bauhaus zur Gestaltung vereinheitlichten. Die Auswanderung vieler Bauhäusler übersetzte Gestaltung endgültig in Design; der Nationalsozialismus hat – gegen alle seine Absichten – eben nicht nur die „klassische" Moderne durch die Vertreibung ihrer Protagonisten internationalisiert, sondern auch die angewandte Moderne in eine folgenreiche Symbiose aus europäischem Formbewußtsein und nordamerikanischer Verwertungsvitalität getrieben. Seit der Nachkriegszeit heißt im rückimportierten „Internationalen Stil" dann auch hierzulande Design, was vor 1933 gerade als Gestaltung Geltung gewonnen hatte.

Wie sollte also eine historisch-kritische Theorie des Design aussehen, wenn der Begriff erst in den letzten Jahrzehnten in Gebrauch gekommen, die Sache selber aber schon um einiges älter ist? Je weiter man die Geschichte des Design zurückverfolgt, desto mehr zerfasert der rote Faden und verliert sich in anderen Stoffen. Denn das Problem ist ja kein rein begriffliches, sondern auch ein vertrackt historisches. Um es, der Sachlage angemessen, einmal zu verdinglichen: Zählt das berühmte Salzfaß von Benvenuto Cellini zur Vorgeschichte des Design, oder ist es als Geniestreich des Kunsthandwerks der Kunst näher als jeder Anwendung? Steht ein durchdachter Flaschenöffner in der Tradition der angewandten Kunst? Oder ein Holzschemel in der des Kunstgewerbes, nur weil er von Max Bill entworfen wurde? Zählt die populäre Druckgrafik des 17. Jahrhunderts zur Vorgeschichte des Grafik-Design, Dürers Druckgrafik dagegen zur Kunstgeschichte? Und was haben Henry van de Velde und Luigi Colani gemeinsam oder Johannes Gutenberg und El Lissitzky?

Bewußtseinsspaltung. Historisch vertrackt ist die Lage vor allem hierzulande. Schon der erste große Nachkriegsrückblick auf die Moderne hatte nämlich einen folgenreichen Platzverweis für das Design kanonisiert: Die *documenta I* zeigte 1955 den Künstler Schwitters, nicht den famosen Designer, der schon 1927 dem „ring der werbegestalter" vorstand, zu dem auch Willi Baumeister gehört hatte, der in Kassel ebenfalls nur als Maler gewürdigt wurde. Sie präsentierte Gerhard Marcks als neoklassizistischen Bildhauer, nicht als Leiter der Keramik-Werkstatt am Bauhaus; Moholy-Nagy, Lissitzky und all die anderen osteuropäischen Konstruktivisten zeigte sie erst gar nicht.[3] Noch dogmatischer sprang die Nachkriegszeit mit jenen um, die sich im Namen der Gestaltung vor 1933 von der Kunst losgesagt hatten; nach 1945 wurde auf Kunst zurückgestutzt, was vor dem Entwicklungsbruch des Nationalsozialismus mehr hatte sein wollen, ja etwas ganz anderes hätte werden können.[4] Schnell waren im Nachkriegswesten die deutschen Prioritäten wieder hergestellt und festgezurrt: Erst kommt die Kunst, dann lange nichts, und dann erst das Design.

So hat Hitler seinen kunstpolitischen Triumph nicht an der Hauptfront – gegen die moderne Kunst – errungen, sondern der Sieg fiel ihm posthum auf einem Nebenschauplatz zu, auf dem er zu Lebzeiten fast nur Niederlagen verbuchen konnte. Er hatte zwar die Schöpfer der neuen Gestaltung vergraulen können, die hinterlassenen Fakten konnte aber selbst sein eigens für die „Schönheit der Arbeit" berufenes Amt kaum mehr aus der Welt schaffen. Walter Gropius mochte das „Dritte Reich" verlassen haben, aber eine Firma, die einen von Gropius entworfenen Dauerbrenner produzierte, ließ sich darin auch nicht vom „Amt für Schönheit der Arbeit" stören. Man erklärte sich vielmehr bereit, die Produktion des inkriminierten Objekts sogleich zu stoppen, wenn das Amt sich im Gegenzug bereitfände, ein deutscheres Modell vom Entwurf bis zur Serienreife zu finanzieren – und war die Plagegeister los.[5] Das „Bauhaus" hatte sich so hellsichtig und modern an der Nahtstelle von Marktwirtschaft und Industrieproduktion angesiedelt, daß seine Spuren weder vom Markt noch aus der Produktionssphäre zu eliminieren waren, jedenfalls nicht so einfach, wie die moderne Kunst sich aus den Museen entfernen ließ.

Doch hat sich nach der Niederschlagung des NS-Regimes die ambivalente Privilegierung des modernen Designs während des Bildersturms bitter gerächt. Keine demonstrative Wiedergutmachung rehabilitierte das zuvor verketzerte Design und seine außer Landes gegangenen Protagonisten. Nur nebenbei, in einer kleinen Fotodokumentation moderner Architektur, nahm sich die *documenta I* der naheliegenden Aufgabe an – immerhin wurden dort Gropius, Mies van der Rohe, Ernst May oder Erich Mendelsohn repatriiert, wenn natürlich auch eher symbolisch. Aber selbst die prominenten Dozenten der Ulmer Hochschule, Max Bill und Vordemberge-Gildewart, traten auf der *d I* als Maler und Bildhauer auf. In der Tat ist die Rehabilitierung der modernen Kunst im Westen Deutschlands so eindeutig zuungunsten des Design ausgegangen, daß in den achtziger Jahren regelrechte Neuentdeckungen zu machen waren.

Kaum eine westdeutsche Kunstakademie hat sich folgerichtig nach 1945 bereitgefunden, die Breitenausbildung von Designern in ihren heiligen Mauern zu dulden. Gerade die bildenden Künstler verbeißen gnadenlos die ungeliebten Kollegen von der Anwendung. Keine andere Bezeichnung klingt in den Akademieklassen der Maler und Bildhauer obszöner, keine üble Nachrede trifft dort schmerzhafter als das Schimpfwort *Designer!* In der Tat hätte die Verdrängung des Design aus einer vor 1933 ehrbaren und auch aussichtsreichen gesellschaftlichen Position nach 1945 nicht so gründlich gelingen können ohne die bereitwillige Kollaboration der akademischen Künstler.

Mit der Schließung der Ulmer Hochschule, der einzigen prominenten Nachkriegsbrücke zu den Gestaltungs-Entwicklungen der Weimarer Republik, war das Schicksal des Design hierzulande dann mehr oder weniger besiegelt. Es nahm seinen Weg in den prosaischen Dienstleistungsbereich und hatte sich von allen Ansprüchen auf künstlerischen Rang und Namen zu verabschieden. Das Trauma des unverstandenen Gestalters, des verkannten Genies am Reißbrett war geboren, ein Psychodrama, das noch heute gerne zu Spontanaufführungen gebracht wird, etwa wenn verhärmte Gesellschaftsreformer einem verblüfften Publikum mit ergreifender Sprachlosigkeit schwören, nichts sei schwieriger auf der Welt, als eine vernünftige Türklinke zu entwerfen oder eine lesbare Schrift – an die Beiläufigkeit ihres Tuns haben sich die Designer nicht gewöhnen mögen. Ausdauernd trauern sie dem verlorenen Ansehen des Künstler-Designers nach oder sehnen sich nach italienischen Verhältnissen. Nur zähneknirschend benutzen sie den Dienstboteneingang der Kultur – Janus ist eben ein schwieriger Gott, eine Muse wäre willkommen!

Doch bei aller Nachsicht, die man für sie aufbringen mag, ergibt die immer wieder aufbrechende Selbstwertkrise des Design ein – psychohistorisch betrachtet – eher fragwürdiges Bild: Design hängt an der Kunst wie ein Kind an seiner Mutter, das seit sechzig Jahren nicht wahrhaben will, schon längst volljährig zu sein. Es hilft nichts, nach Spielzeugen zu greinen, die ihm einst ungerechterweise weggenommen worden sind, wenn es heute mit ihnen aussähe wie ein Greis, der mit einem Bau(haus)kasten spielt. Der ständige Hinweis auf die ehrbare Herkunft, mit der Designer heute gerne ihr heruntergekommenes Ansehen kompensieren, verschleiert nur die wahren Familienverhältnisse, denn Kunst mag die Mutter des Design sein, aber die Nachforschung ergibt, daß Grafik-Design und Produkt-Design Zwillinge mit verschiedenen Vätern sind.

Paradise lost. Sucht man nach historischen Metamorphosen, aus denen hervorgegangen sein könnte, was wir heute als Produkt-Design betrachten und oft genug beklagen, dann stand, wie bei vielen anderen Entwicklungen der Moderne, das 19. Jahrhundert Pate. An seinem Beginn hatte Napoléon mit dem „Empire“ den letzten höfischen Stil in Auftrag gegeben, der – in der Tradition des französischen Absolutismus – das gesamte Erscheinungsbild des Staates umfassen sollte, Innendekoration und Mobiliar, Kleidung und Gebrauchsgegenstände, Architektur und die repräsentative Handhabung des öffentlichen Raumes. Parallel dazu etablierte sich europaweit ein bürgerlicher Möbelmarkt, der bis in die höfische Ausstattung hineinreichte und dem höfischen Kunsthandwerk den Boden zu entziehen begann. Das Biedermeier kann dann als die erste Epoche gelten, deren Erscheinungsbild über einen bürgerlichen Markt und nicht durch ein höfisches Proszenium geprägt wurde.[6]

Empire und Biedermeier markieren auf der Kippe zur Verbürgerlichung von Herrschaft und Geschmack ein historisch entscheidendes Dilemma, daß nämlich die Kategorie des Stils ihre umfassende Verbindlichkeit in dem Zeitraum einzubüßen begann, in dem sie als Grundbegriff bürgerlicher Kunstgeschichtsschreibung gerade Geltung gewann. Die vollständige Realisierung eines Stils stand ihr mit dem Rokoko noch scheinbar greifbar vor Augen, doch war es das letzte historische Beispiel. Denn mehr noch als das Empire war das Biedermeier eine Periode, die wegen ihrer Innenraumgestaltung Bedeutung gewann, während der Stilverbund mit der Architektur sich auflöste. Zwar stiftete beiden Stilen ein europäischer Klassizismus passende Fassaden, aber ihre Unverwechselbarkeit liegt nicht in der Architektur, sondern in der Möbelkunst begründet, zumal sich das Biedermeier als erste regelrechte Wohnmode auch in Bürgerhäusern umsetzen ließ, die nach außen hin alles andere als klassizistisch aussahen.

Als emblematisch für die bürgerliche *Internalisierung des Stils,* die mit dem Biedermeier in die Welt trat, kann die Fassade des Rosenhauses in Adalbert Stifters „Nachsommer" gelten. In diesem Roman, dessen Thema die Kunst der Inneneinrichtung ist, bildet die Schilderung des Rosenhauses den Abschluß einer eskalierenden Reihung bürgerlicher Wohnidyllen. Seine breit und liebevoll geschilderte Ausstattung steht im Gegensatz zu einem auffälligen Manko, denn das Rosenhaus *hat keine Fassade;* sie wird von den Rosenstöcken verdeckt, die dem Haus seinen Namen geben. Darin steckt mehr als nur eine blumige Aussöhnung von Natur und Kultur, die Stifter der agrar-ökonomischen Anlage des Rosenhauses insgesamt unterlegt, und mehr als eine schon fast komische Apotheose bürgerlicher Innerlichkeit. Das Rosenhaus steht für die Ablösung des Interieurs von der Fassade; Innenarchitektur verselbständigt sich und zersetzt dadurch die Einheit des Stils, die bis dahin verbindlich war: Das Biedermeier ist ein Rumpfstil. Es vermag vom Innenraum aus noch auf die Malerei auszugreifen – die häufig genug dem Interieur gewidmet ist –, auch noch auf Kleidung und Frisur, aber schon die Plastik läßt sich ebensowenig verbindlich zuteilen wie die Architektur.

Es war Hans Sedlmayr, der die Grundzüge dieser Interpretation des Biedermeier für seine fulminante Kritik der Moderne entwickelt hat.[7] Aber auch ideologisch weniger ambitionierte (und belastete) Kunsthistoriker lassen heute die Entwicklungsgeschichte des Produkt-Design wie selbstverständlich mit dem Biedermeier einsetzen. Selbst wenn sie keine Materialisten sind, ist ihnen die Bedeutung der Industrialisierung für den Stilverfall geläufiger als Sedlmayr, und durch gut-bürgerliche Ambivalenz ersetzen sie dessen autoritäre Ordnungsvorstellungen. Doch beiden Tendenzen der Design-Geschichte kann man wohl ein geringes Gespür für die *Bedeutung des Marktes* nachsagen. Die Internalisierung des Stils läßt im Biedermeier aber bereits die Ambivalenz jener *Privatisierung des Geschmacks* erkennen, die zum ästhetischen Kennzeichen der Moderne werden sollte. Diese Ambivalenz besteht darin, daß innerhalb der eigenen vier Wände scheinbar private Einrichtungsarrangements vorgenommen, doch in Wahrheit Auswahlentscheidungen zwischen Möbel- und Konstellationstypen gefällt werden, wie sie der Markt vorgibt. Weil die Wohnsphäre als der Bereich der privat zu konsumierenden Güter das erste Einsatzfeld für jene spezialisierte Formphantasie war, die unserer Vorstellung von Design nahekommt, haftet ihm bis heute das Image des Privaten und Persönlichen an. Doch war dieser Eindruck schon damals falsch, denn privat mochte die Konsumsphäre wohl sein, aber die Herstellungssphäre, in der Design zunehmend auch zum technologischen Faktor wurde, war eine gesellschaftliche, nämlich die der Produktions- und Distributionsöffentlichkeit des Marktes. Mit der Standardisierung der Produkttypen durch die beginnende Industrialisierung, mit ihrer Veröffentlichung über die Warenwerbung und der Verbreitung auf expandierenden Märkten beginnt die Privatisierung des Geschmacks als Stildämmerung: Der Markt dringt mit seinen Produkten und Moden bis in die intimsten Sphären, während sich die Innenwelt des Bürgerhauses nach außen hin nicht mehr stilistisch identisch repräsentiert. Ein feiner Spalt bildet sich zwischen Interieur und Fassade, zwischen Innenarchitektur und öffentlichem Raum.

Stildämmerung. In diesen Spalt trieb der Historismus der zweiten Jahrhunderthälfte seine Klötze. Der Historismus, der auf die gleichzeitige Verfügbarkeit aller Stile pochte, machte das Ende des Stils so unerträglich anschaulich, daß er die moderne Gestaltung als Ekelreaktion förmlich herbeizwang. An die Stelle der klassizistischen Passepartout-Fassaden des Biedermeier und des Empire setzte er Renaissance-, Barock- oder Romanikverblendungen, die jedoch nicht als Indiz für eine stilistische Geschlossenheit des ästhetischen *oikos* gelesen werden wollten. Hinter einer neo-romanischen Fassade mochte ein bürgerliches Stadtwohnhaus liegen, das von der Eingangshalle über den Salon bis in die Schlafzimmer im Neo-Barock eingerichtet war oder in einem düsteren Renaissance-Verschnitt, in Neo-Rokoko oder Neo-Gotik, womöglich sogar zimmerweise in unterschiedliche Imitationsreservate parzelliert. Damit war die Collage eigentlich schon erfunden. Allenfalls öffentliche Gebäude, die Dresdner Oper von Semper etwa, ließen noch die Geschlossenheit einer verbindlichen Stilimitation erkennen, an die schon Schinkel sich gehalten hatte, doch privat ging es drunter und drüber. Die kurzlebigen Wohnmoden unterboten die Lebensdauer der Architektur; die Geschmacksvielfalt, die der Markt ermöglichte, entzog jeder stilistisch einheitlichen Repräsentation vollends den Boden.

Triebkräfte dieser Entwicklung waren Industrialisierung und Marktwirtschaft gleichermaßen. Sie unterliefen nicht nur die

Existenzgrundlagen des höfischen Kunsthandwerks, sie zerstörten auch – was viel verheerender war, der Kunstwissenschaft aber nur selten vor Augen steht – die einheitlichen und, im Rückblick betrachtet, außerordentlich „ästhetischen" Traditionen regionaler Handwerkskulturen, zu denen man im frühen 20. Jahrhundert vergeblich unter dem Schlachtruf „Heimatstil" zurückzukehren versuchte. Traditionalistische Orientierungen an einer schlichten Gestaltung langlebiger Gebrauchsgüter konnten nicht im Interesse der bürgerlichen Kulturwarenproduktion sein. Die über Generationen hinweg entwickelten Formen ländlicher Handwerkskultur lagen so weit unter dem Niveau der höfischen Kultur, daß die Disqualifikation leicht war, vor allem da, wo sie als „abgesunkenes Kulturgut" (Hans Naumann) denunziert werden konnten. Die Zerstörung des historischen „Design ohne Designer" ist allenfalls der Volkskunde bemerkenswert erschienen; die Kunstwissenschaft siedelte sich hingegen sendungsbewußt in der Nachfolge der höfischen Stile an, die der Markt gleichzeitig zur bürgerlichen Konsum-Maskerade degenerieren ließ.

Die Fabrikation der Möbel und die Ausdehnung ihrer Märkte ergab im Verband mit der wachsenden Verschleißgeschwindigkeit der Mode bald das Bild einer stilistischen Vielfalt, die sich in Beliebigkeit auflösen *mußte.* Zugleich kristallisierten sich neue Zuständigkeiten auf dem ästhetischen Dienstleistungsmarkt heraus. Den Handwerkern wurde der Architekt übergeordnet, der sich aber für die Innenausstattung schon bald nicht mehr zuständig fühlte, die Innenarchitekten oder Dekorateuren überlassen wurde, sofern man sich auf dem Markt der Einrichtungsobjekte nicht gleich selber orientieren wollte. In den Manufakturen und Fabriken verkamen die einst selbstbewußten Handwerker zu Lieferanten für Entwürfe, die dann so lange reproduziert wurden, wie die Mode reichte. In der Konfrontation von Architekt und Ingenieur nahm das 19. Jahrhundert dann schon jene zwischen Künstler und Designer vorweg, die das 20. Jahrhundert prägte. In diesem Schutthaufen der Stile und der zugehörigen Transformation der Arbeitsweisen, die das 19. Jahrhundert hinterließ, ist bereits die Hohlform des heutigen Designers als

Dienstleistungsspezialisten zu erkennen. Doch wurde seine Entwicklung durch Gegenreaktionen auf den Historismus noch einmal herausgezögert.

Dem Stilpluralismus des Historismus mit all seinen Dissonanzen sowie der Partikularisierung der ästhetischen Kompetenzen wurde nämlich das *Gesamtkunstwerk* entgegengesetzt. Richard Wagners romantische Synästhesie der Hochkünste in der Exklave des Opernhauses nimmt sich aus wie eine symbolische Kompensation für den verlorenen Stil, der als öffentliches Erscheinungsbild der Gesellschaft längst zerfallen war. Doch auch die Architekten, der Alltagswirklichkeit stets näher als die Künstler, artikulierten ihr Unbehagen am Historismus im Rahmen des Gesamtkunstwerkes.

Heldenzeit. Als sich nämlich Jugendstil, Sezessionen, Werkbund und Konstruktivismus um die Jahrhundertwende gegen die unbewohnbaren, düsteren Interieurs des Historismus, zumal der Gründerzeit und ihrer Emporkömmlinge, zu formieren begannen, versuchten sie auch, die grundsätzliche Entgleisung des 19. Jahrhunderts zu korrigieren, nämlich Architektur, Interieur und Repräsentation des Bürgerhauses wieder *aus einem Guß* zu schaffen – das Treppenhaus nicht weniger als das Besteck, die Tapeten nicht weniger als die Fassade, die Kleidung genauso wie die Sanitärinstallationen, den Schreibtisch wie den Schminktisch. „Auf der Suche nach dem verlorenen Stil" (Sedlmayr) nahmen die Reformbewegungen die bürgerliche Kulturtheorie ernst und versuchten, Stil als Generalnenner aller Alltagsdinge wieder zu etablieren – als bürgerlichen Stil freilich, und damit nur in der Reichweite eines Villenhaushaltes. Was in der Villa nebenan passierte, war etwas anderes; sie war eben ein weiteres bürgerliches Gesamtkunstwerk in der ästhetisch-liberal partikularisierten Gesellschaft der Vororte. In den Villenvororten pflanzte sich das ästhetische Problem der Innenstädte fort, wo zuvor Theater, Opernhäuser, Museen, Kirchen, Postämter, Rathäuser, Bahnhöfe oder Hochschulen in jeweils in sich stimmigen, untereinander aber verschiedenen Stil-Imitationen gebaut worden waren. Die Reformbewegungen verblieben somit im Problemkreis der

Stildämmerung; ihr Erscheinungsbild war mindestens ebenso „unästhetisch“ wie das des Historismus, kam aber suggestiver und geschmacklich kompakter daher.

In dieser Zeit erweiterte sich der ästhetische Spielraum der Gesellschaft. Hatte der Historismus den Keil in jenen Spalt gesetzt, der sich bereits in Empire und Biedermeier zwischen Interieur und Fassade aufgetan hatte, und damit die Differenz von Innen und Außen etabliert, so rekonstruierten die Reformbewegungen die Einheitlichkeit des Stils – allerdings nur in der Reichweite des Privathaushaltes. An die Stelle der Diskrepanz zwischen Innen und Außen trat die des Nebeneinanders unterschiedlicher Gesamtkunstwerke, die Kontingenz ästhetisch geschlossener Mikrokosmen. Hatte der Historismus den Markt der kunstgewerblichen Objekte und Dienstleistungen auszudifferenzieren begonnen, so stand jetzt eine Generation ästhetischer Riesen auf, um noch einmal alle Zuständigkeiten an sich zu ziehen. Aus den wenigen Jahrzehnten der ästhetischen Reform stammen daher fast alle Helden, die das Design heute für sich ins Feld zu führen pflegt: Charles Rennie Mackintosh, Antoni Gaudí, Henry van de Velde, Victor Horta, Josef Hoffmann, Peter Behrens und andere kompetente Universalisten des Details – allesamt Architekten, die wahren Väter des Produkt-Design. Sie profitierten bewußt von der stilistischen Geschlossenheit ihrer Miniatur-Gesamtkunstwerke, denn diese garantierte die Identifizierbarkeit ihrer „Handschrift“, also des wichtigsten künstlerischen Merkmals auf den Kulturmärkten des anbrechenden 20. Jahrhunderts. Stil wurde in jenen Jahren vollends zum Individualstil – für den Gestalter als Markenzeichen, für den Kunden als ästhetische Identifikationsmöglichkeit. Aber schon damals ahnte man dunkel, daß auch der Individualstil keine ästhetische Erlösung verhieß: Der – neben Stifter – zweite große Design-Romancier des 19. Jahrhunderts, Joris-Karl Huysmans, hatte schon 1884 in dem Roman „Gegen den Strich“ seinen Helden den ganzen schrecklich-schönen Weg durch den individuellen Edelkonsum in die Leere der Existenz, durch das „Elend des Schönen“ (Rainer Gruenter), zurücklegen lassen, auf den sein Adept Oscar Wilde wenige Jahre später Dorian Gray noch einmal schickte.[8] Die Gestalter mochten mit dem Individualstil glücklich und berühmt werden, die Ästheten wurden es offenbar nicht.

Utopie perdue. Doch lieferte die rapide Entwicklung der bürgerlichen Gesellschaft auch schon das Gegengift zur gepflegten Anarchie privatistischer Gesamtkunstwerke. Die Industrialisierung erlaubte und erzwang die Standardisierung fast aller bis dahin dem Belieben von Handwerkern, Gestaltungshelden und Auftraggebern anheimgestellten Dinge des täglichen Lebens. Zugleich begann sie die Denkmuster von Wohnungsbau und Stadtplanung so entscheidend zu verändern, daß sich das 20. Jahrhundert von Beginn an in einen völlig neuen, historisch vorbildlosen Horizont gestellt sah, den einer *Machbarkeit der Lebenswelt.* Das hierzulande in den fünfziger Jahren vielzitierte „Land der unbegrenzten Möglichkeiten" ist nur eine späte geographische Externalisierung dieses zu Anfang unseres Jahrhunderts in fast ganz Europa gültigen Erwartungshorizontes.

Industrialisierung der Gebrauchsartikelproduktion und Siedlungsplanung wurden damals von einer neuen Generation moderner Gestaltungshelden als einmalige Chance erkannt, gleich einer ganzen Gesellschaft das formale Gepräge zu verleihen. Schon beim berühmten Werkbund-Streit anläßlich der Kölner Ausstellung 1914 begann sich diese moderne Perspektive der Gestaltung gegen das großbürgerliche Festhalten am Individualstil durchzusetzen. Der Streit markiert das Datum einer Transformation, die dann – mit kriegsbedingter Verzögerung – erst 1919 mit der Gründung des „Bauhauses" erkennbar wurde.

Die neue Perspektive von Industrialisierung und Siedlungsplanung gab der Gestaltung zwangsläufig eine politische Dimension, auch dort, wo keine der damals kursierenden politischen Ideologien übernommen wurden. Als Favorit der Gestalter kristallisierte sich aber auch im Westen der Sozialismus heraus. Er schien zur ideologischen Folie der gestalterischen Überlegungen bestens geeignet, weil er gleichsam das politische Pendant zur ästhetischen Standardisierung darstellte. Die „Kathedrale des Sozialismus", die der politisch ansonsten eher verhaltensunauffällige Lyonel Feininger als Gründungsemblem des „Bauhaus-

Manifestes" ablieferte, markierte die Allianz bis an die Grenze zur unfreiwilligen Komik. Denn es war kein proletarischer Sozialismus, mit dem die zweite Generation der Proto-Designer liebäugelte, sondern einer in bürgerlicher, nämlich ästhetisierender und kunstreligiöser Tradition. Er ging auf Utopien eines anderen Historismus zurück, die sich in England unter dem Eindruck einer frühen und rabiaten Industrialisierung entwickelt hatten, auf den romantischen Sozialismus der Präraffaeliten etwa, die in einer Ständegesellschaft nach mehr oder weniger frei erfundenen mittelalterlichen Vorbildern ihre Utopie suchten. Die ästhetischen Utopisten des 19. Jahrhunderts wurden zu Kronzeugen für den Sonnenstaat der Gestalter, die nun nicht mehr dem verlorenen Stil nachtrauerten, sondern zu Adventisten eines sozialistisch-ästhetischen Gesamtkunstwerks der Gesellschaft konvertierten.

Es ist dieser utopische Schwung – für den das „Bauhaus" stand, aber etwa auch die Darmstädter Mathildenhöhe und Karl Ernst Osthaus' „Folkwang" –, der bis heute anrührt, wenn über die Aufgaben des Design philosophiert wird. Die *Reinheit des Beginnens*, nach dem *fin de siècle* nachgerade eine Pathosformel des 20. Jahrhunderts, erweckt immer wieder Sehnsüchte nach einem ähnlichen Schlußstrich unter die schlechte Normalität des Weiterwurschtelns; der *Mythos des Anfangs* besticht bis heute selbst die Gemüter von Design-Theoretikern. Dabei sind Zweifel angebracht und mittlerweile auch verbreitet, ob nicht die Modernisierung der Gestaltung weit vor das Bauhaus, in die Inkubationszeit des Historismus zu datieren ist. Andererseits ist inzwischen auch klar, daß mit der Schließung des Bauhauses die Wirkungsgeschichte der funktionalen Gestaltung in Deutschland keineswegs abrupt beendet war. Es sind nicht nur Gestalter wie Mies van der Rohe oder Herbert Bayer, deren Weiterwirken unter veränderten politischen Vorzeichen heute befremdet, sondern auch sachliche Kontinuitäten. Denn hinter der Fassade von Hitlers Gesamtkunstwerk-Plänen – die napoléonisch aufgeblasene Diktatur eines neusachlich-klassizistischen Individualstils über den Rest der Welt –, hielt die Modernisierung der Arbeitswelt Tritt und mit ihr auch die Logik der Normierung. Ausländischen Beobachtern mag die Deutsche Industrie-Norm (DIN) heute als eine zum Nationalsozialismus passende Domestizierung selbst der Dinge erscheinen, aber sie setzte nach 1933 nur fort, was schon lange vorher als notwendig erkannt und begonnen worden war. Man darf sich also durch Hitlers ausufernden Individualstil nicht blenden lassen, wenn man die Design-Wirklichkeit des „Dritten Reiches" verstehen will. Denn manche der noch im Nationalsozialismus virulenten utopischen Ideen stammen aus demselben Reservoir, aus dem auch das Bauhaus schöpfte, und viele Entwicklungen der neuen Gestaltung wurden vom „Dritten Reich" widerstrebend oder unbemerkt übernommen.

Wie immer man diese Verwerfungen auch deuten mag, die Ergebnisse stehen fest: Die Utopie von Bauhaus und *Stijl,* die in der ästhetischen Gestaltung der Gesellschaft die Kunst aufheben und überwinden wollte, wanderte mit den Emigranten über den großen Teich und hat dort noch eine kleine Weile rumort, bevor sie sich bei der „Romance of commerce and culture" (James Sloan Allen) verflüchtigte.[9] Die Nachkriegszeit hat den Verlust der Utopie dann festgeschrieben. Die Schließung der Ulmer Hochschule sorgte dafür, daß die utopische Tradition schon im Keim wieder erstickt wurde, und als die Studentenbewegung für die Rückkehr des utopischen Denkens sorgte, war ein konstruktiver Dialog mit dem Design schon kein Thema mehr: Design galt als bürgerlicher Tand und Agent der Bewußtseinsindustrie, seine Utopie war Profit. Statt dessen nobilitierte die Studentenbewegung auf ihrem langen Marsch durch die Hochschulen später die Designer Lenins zu Ersatzhelden für die ausgefallene Aktionseinheit – den genialen Rodtschenko vor allem, aber auch Tatlin und andere –, doch auch für deren utopischen Rang kam Mitte der achtziger Jahre ein Dementi.

Denn folgt man Boris Groys, dann braucht man der unerfüllten Utopie der optimalen Durchgestaltung der modernen Gesellschaft durch kompetente und professionelle „Kunst-Ingenieure" nicht nachzutrauern: Er erblickt in ihnen Vordenker eines ästhetischen Totalitarismus, wie er in der Sowjetunion zusammen mit dem politischen schließlich das „Gesamtkunstwerk Stalin" hervorgebracht hat, so der Titel seines Buches.[10] Und betrachtet man die amerikanische Ehe aus Bauhaus und Kapitalismus, verliert man die Lust, die Dolchstoßlegende des Design zu glauben, derzufolge es nur an Hitlers Intervention lag, daß sich die moralisch überlegenen Vorstellungen der ästhetischen Ingenieure nicht so durchsetzen konnten, wie sie es verdienten. Nicht zufällig hieß einer der rigiden Reformentwürfe, über dessen Verhinderung man wirklich nicht traurig sein muß, rabiat und schlicht *de stijl* – der Stil. Der ästhetische Hegemonialanspruch der Designer hatte als Utopie die Suche nach dem verlorenen Stil ablösen sollen – womöglich sind die utopischen Designer einer dogmatischen Stilvorstellung der bürgerlichen Kulturtheorie auf den Leim gegangen, die einer komplexen historischen Wirklichkeit noch nie gerecht werden konnte, weder theoretisch noch praktisch.

Trostobjekte. Man darf nämlich vermuten, daß das Bauhaus auch hierzulande auf Dauer an genau dem Markt gescheitert wäre, für den es produzierte, denn der ist das geheime *Organisationsprinzip der ästhetischen Beliebigkeit.* Solange keine politische Gewalt die Entscheidungsfreiheit der Konsumenten einschränkt, kaufen sie massenhaft genau das, was jedem *arbiter elegantiarum* die Haare zu Berge stehen läßt. Der Zustand der ästhetischen Inkompatibilität der Dinge im Warenkosmos der Marktwirtschaft ist aber auch der einer Entscheidungsfreiheit, gegen die sich nicht vernünftig argumentieren läßt – selbst wenn es die denkbar unästhetischste Verfassung ist, in der sich eine Gesellschaft befinden kann. Dieser Zustand, dem Design-Ästhetik allenfalls als Chaos-Theorie gerecht werden könnte, inspiriert jedoch zwangsläufig die Gesundbeter – über Design philosophieren die wahren Moralisten unserer Tage. An der Randständigkeit der „Guten Form" auf dem Markt und im Massenbewußtsein ändert das wenig, was die Diagnose der Randständigkeit auch der Konsumkritik bekräftigt. Auf den Massenmärkten sind nämlich nach wie vor magenstarke Juroren gefragt, wenn es um die gute Form geht, denn hier wird noch jeden Tag der schöne Spruch Raymond Loewys widerlegt „Häßlichkeit verkauft sich schlecht" – von wegen!

Unter den Snobs und Ästheten ist die Konsumentenschelte inzwischen ohnehin durch einen elitären *Bekennerkonsum* abgelöst worden, dem prominentes Edel-Design die erwünschten Differenzierungen zu liefern vermag – und der es endlich einmal auch den Designern ermöglicht, zu Lebzeiten richtig prominent zu werden. Inzwischen hat es sich nämlich herumgesprochen, daß über den Markt eine ästhetische Utopie schlechterdings nicht zu verwirklichen ist, anspruchsvolles Design aber zu hohen Preisen abgesetzt werden kann. Es gilt die Erfolgsformel: *Gute Form gegen gutes Geld.* Für dieses Marketing eigneten sich zunächst die Relikte aus der Aufbruchszeit der Gestaltung. Die Suggestivität vergangener Individualstile strahlt noch heute in die längst standardisierten Fiktionen des *life-style* mit einer solchen Energie, daß Bruchstücke der einstigen Gesamtkunstwerke wie Fetische gesammelt und gehütet werden, hier ein unvollständiges Besteck aus der Villa X, dort ein Sessel aus der längst verstreuten Sitzgruppe der Villa Y. Und für die Minderluxuriösen, die aber immer noch genug Geld für ihre Träume überhaben, werden lizensierte Nachbauten der Entwürfe eines Josef Hoffmann oder Richard Riemerschmied zu Monopolpreisen bereitgehalten, die von Design-Historikern nur mit Mühe beglichen werden können. Das Pathos des Anfangs und der Mythos der Erneuerung patinieren die Markenartikel der Design-Geschichte zu lebensreformerischen Sehnsuchtsfloskeln eines modernen Konsum-Historismus.

Die entwickelte Moderne ist ja, wie ein Blick aus fast jedem Fenster beweist, extrem häßlich, sogar häßlicher als alles, was ihre Gegner vorhergesagt haben, und allenfalls eine entfernte Parodie der Schönheit, auf die ihre Propagandisten setzten. Davon profitiert das Produkt-Design ganz erheblich, denn es ist heute eine seiner maßgeblichen Aufgaben, Trostobjekte zu liefern, mit denen sich das Leben in der ästhetischen Wüste unserer Groß- und Kleinsiedlungen noch aushalten läßt. Die von John Kenneth Galbraith für die USA entwickelte ökonomische Faustformel „Privater Reichtum, öffentliche Armut" gilt hierzulande eher für die Ästhetik. Die eklatante Häßlichkeit der Moderne macht nach Kompensation regelrecht süchtig, Design erlöst aus dieser Katastrophe der Alltagswahrnehmung durch das Auto- oder Zugfenster, indem es zumindest Kleidung und Wohnung erträglich macht, die zweite und die dritte Haut. Die Lebenskulisse in den eigenen vier Wänden ermöglicht es, sich in einer häßlichen Welt doch noch irgendwo einzurichten. Diese Konjunktur des Design hat zur Entstehung der Bekennerwohnung geführt, in der die Dinge dem Besucher schon unter der Tür entgegenwinken, um seine Aufmerksamkeit auf sich zu ziehen und ihn zu versichern, daß er gut aufgehoben ist unter Leuten, die auf Details Wert legen und der Grundtendenz bürgerlicher Ästhetik folgen, die gesellschaftliche Repräsentation *zu intimisieren.*

Doch ist nicht nur die mit zeitgemäßem Dekor ausgestattete eine Bekennerwohnung. Auch die zahllosen nach Prospektsynthesen kompakt erworbenen Ausstattungen in „Eiche rustikal" oder „Geflämmter Birke", wie sie Designtheoretiker seit Jahrzehnten das Gruseln lehren, fallen in diese Rubrik, nur daß ihr Zielpublikum ein anderes ist. Sie haben übrigens in der Regel eine Eigenschaft, die hochwertiges Design heute kaum noch sicherstellt, minderwertiges dafür programmatisch, nämlich *Stil.* Die Melangen der Werbeanzeigen und Möbelkaufhäuser preisen zugleich mit den beliebig herauslösbaren Einzelstücken auch eine stilistische Kompatibilität an, die bei den Käufern offensichtlich verfängt, auch wenn sie der Stilkritik nicht standhält. Dem Zeitgenossen mag diese Stilbindung fiktiv und imaginär erscheinen, doch schon der Rückblick auf nur wenig zurückliegende Dekaden, etwa auf die fünfziger Jahre, enthüllt eine Plausibilität, die auch die zeitlosen Konstellationen von „Eiche rustikal" prägt. Überhaupt ist es lehrreich, sich auf den Massenmärkten umzusehen, wenn man die Elitemärkte verstehen will, und sei es nur um festzustellen, daß der Markt für „schlechtes Design" ungleich größer ist als der für jene Objekte, von denen ständig und fast ausschließlich die Rede ist, wenn es um Design-Geschichte geht.

Durch die Breite des Angebots und das Tempo seiner Innovationen werden die Trostobjekte in einer ästhetischen Vielfalt gestreut, daß auch heute noch in der vollständigen Privatisierung des Geschmacks kaum die Spuren ihres Agenten, des Marktes, zu erkennen sind. Die Konsumzellen der Wohnungen, die immer mehr zur Atomisierung des *single*-Daseins neigen und damit zur intensivsten Form des Masseneinkaufs, erscheinen als privat selbst noch in der gröbsten Standardisierung – diesen Zauber zu verdichten, verschwistert sich mit dem Produkt-Design das Grafik-Design, dessen Hauptarbeitsfeld immer noch die Propaganda für eine Konsumideologie darstellt, die es in der Ästhetisierung von Erlösungsideen spielend mit den großen Weltreligionen aufnehmen kann. Ihre verbindende Idee ist nicht die einer Utopie, sondern eine der ständigen Erneuerung: Die Umsatzgeschwindigkeit der Waren auf dem Markt steht immer noch im Verteilerschlüssel der Profite obenan, daran wird auch ökologisches Denken so schnell nichts ändern. Daher wird auch das Produkt-Design weiterhin seinen eigenwilligen Beitrag zum Warenumschlag leisten. Er besteht darin, daß es der Form eines Gegenstandes den Rang eines zeichenhaften Gebrauchswertes gibt, der schneller veraltet, als es dem handgreiflichen möglich wäre. Das ist freilich nur eine umständliche Umschreibung für die Macht der Mode. Der Konsum von Designer-Produkten gilt nicht nur als Erwerb von Prestigesymbolen, sondern als der zeichenhafte Konsum schlechthin. Gerade im Wohnbereich, dem notorischen Schauplatz der Design-Kultur, scheint der Zustand bereits gegeben, den Peter Rühmkorf vor rund zwanzig Jahren unter der satirischen Parole „Schneller Wohnen" in der beinahe gleichnamigen Zeitschrift erläutern konnte.[11] Der zufriedene Verbraucher ist auf dem Markt eine Horrorvorstellung, denn er kauft nicht, sondern genießt nur das bereits Gekaufte. Ihm gilt es klarzumachen, daß Konsumieren letztlich Wegwerfen bedeutet. Dafür war, ist und bleibt Design stets eine gute Handhabe – in welcher Form auch immer.

Entwarnung. Für die Designer selbst ist dieser Zustand zwar einträglich, aber nicht besonders trostreich. Der Markt hat die Ausdifferenzierung ihres Berufsbildes und die Partikularisierung ihrer Zuständigkeiten so weit vorangetrieben, daß es den Hautgout einer hochspezialisierten Dienstleistung verströmt statt den herben Duft künstlerischer Universalkompetenz. Dieser Rangverlust ist durch wissenschaftliches und technologisches *cross-over* kaum kompensierbar. Um es in einer solchen Arbeitswelt doch noch zur Prominenz eines Michael Schirner oder Karl Lagerfeld zu bringen, ist der Einsatz der mythenbildenden Kräfte des Marktes in eigener Sache angesagt. Eine andere Möglichkeit ist die gegenwärtig zu beobachtende „Verkunstung" des Design.

Statt in der ästhetischen Domäne des Design, dem Gebrauchswert, zu verbleiben, dem noch die eitelsten Gestalter der Moderne stets Rechnung getragen haben, desertieren die Junggestalter in die Galerien und Kunstmärkte, wo sie mit schräg aufgepepten Design-Unikaten der Kunst deren ästhetische Domäne, den Ausstellungswert, streitig machen. Gewiß war dem Design immer schon eine Prise Ausstellungswert eigen, war es doch stets auch eine Inszenierung der Dinge. Doch geht es jetzt ums Ganze, um den Ausstellungswert als Show-Effekt. Sogar um den Preis einer demonstrativen Unbrauchbarkeit ihrer Gestaltungen, wie sie nachgerade in Mode gekommen ist, setzen sie auf den Ausstellungswert des Design, um das unästhetische Ziel beider Künste, den Tauschwert, zu realisieren. Wer als Veteran eines längst abgesagten Funktionalismus an den Gebrauchswert als Leitlinie des Design erinnert, muß sich die peinliche, weil zutreffende Nachhilfe erteilen lassen: *Anything sells!* – die eigentliche Botschaft der Postmoderne. Galt früher einmal als gutes Design, was den Gebrauchswert eines Objektes ästhetisch optimierte, und als schlechtes, was nur den kosmetischen Anreiz für eine später enttäuschende Konsumentscheidung lieferte, so haben sich die Pole verkehrt: Disfunktionalität erhöht den Ausstellungswert. Die Beeinträchtigung oder gar Einbuße der Funktion erschleicht dem Design Aufmerksamkeit und die Anerkennung als autonome Kunst – wobei das Ganze in der Tradition künstlerischer Avantgarde-Ansprüche kokett als Kampf gegen einen verfehlten und dogmatischen Funktionalismus durchgespielt wird.

Doch kümmern solche Bedenken die Protagonisten der Verkunstung wenig. Sie setzen die Konsumgesellschaft einfach voraus, in die sie hineingeboren wurden, und feixen allenfalls über die Oberlehrer des Funktionalismus. Die Gesellschaftstheorie haben sie als geistiges Politbüro der Sauertöpfe („Verdruß ohne

Reue") entlarvt und auf dem Markt das Asylrecht für Unfug und Spiel, sarkastische Späße und wenig sachdienliche Formen durchgesetzt. So ziehen sie die Aufmerksamkeit der Moralisten auf sich, die nun die ehemaligen Daueropfer ihrer Nachhilfe in Ruhe lassen. Ja, es scheint die Zeit zu kommen, in der man die Kleinbürger mit ihrer rätselhaften Neigung zu „Eiche rustikal" und einer lemminghaften Konsumästhetik nicht mehr in Schutz nehmen muß vor den strengen Verfechtern der „Guten Form", die entweder die Skrupellosigkeit der Hersteller oder die Kaufwilligkeit der Konsumenten für das Andauern der Massenproduktion von Kitsch und Schund haftbar machen wollen. Was die Postmoderne neuerdings den Gebildeten ist, war die Moderne nämlich schon lange den Ungebildeten, ein ästhetischer Freibrief für den Konsum. Denn natürlich ist auch „Eiche rustikal" genauso legitimer Ausdruck einer Wunschidentität wie eine Teekanne von Gropius oder ein Besteck van de Veldes. Gegen die ästhetischen Volksbeglücker wird man daher bald das Grundgesetz um einen postmodernen Zusatz erweitern können: Kunst *und Design* sind frei; Näheres regelt jeder für sich – im Rahmen des Angebotes.

Nachbemerkung

Die Kapitel dieses Buches ergänzen sich in der Absicht, aus verschiedenen Quellen und an unterschiedlichen Themen das Erscheinungsbild einer Marktgesellschaft zu entwickeln, der die politische und ökonomische Funktion der Kunst problematisch bleibt. Sofern sie bereits veröffentlicht waren, sind sie für die Buchausgabe überarbeitet und zum Teil erweitert worden. Für Anregungen, Hinweise, Gespräche und Kritik danke ich Heinz Bude (Berlin), Georg Bussmann (Frankfurt/Main), Werner Büttner (Hamburg), Boris Groys (Köln), Peter Moritz Pickshaus (Berlin), Wilhelm Schürmann (Aachen), Franz-Joachim Verspohl (Osnabrück) sowie den Teilnehmern der von Ekkehard Mai (Köln) und Peter Paret (Princeton) geleiteten interdisziplinären Kolloquien in Bad Homburg und Princeton über die Geschichte der Kunstförderung in Deutschland.

Everswinkel-Alverskirchen, im Oktober 1991

Walter Grasskamp

Anmerkungen

Einleitung

1 Claus Koch: *Zwischen östlichem Staatsbedürfnis und westlicher Marktgesellschaft: Experimentierfeld Deutschland.* In: Merkur, 45. Jg., Heft 2, Februar 1991, S. 91–111

2 Karl Heinz Bohrer: *Nach der Natur. Über Politik und Ästhetik.* München 1988, insbes. S. 76 ff.

3 Boris Groys: *Gesamtkunstwerk Stalin. Die gespaltene Kultur in der Sowjetunion.* München 1988; Katalog *Inszenierung der Macht. Ästhetische Faszination im Faschismus.* NGBK Berlin 1987

4 Walter Grasskamp: *Museumsgründer und Museumsstürmer. Zur Sozialgeschichte des Kunstmuseums.* München 1981

5 Walter Grasskamp (Hrsg.): *Unerwünschte Monumente. Moderne Kunst im Stadtraum.* München 1989

„Der unsichtbare Markt"

Erstveröffentlichung in *Kursbuch* 99, März 1990

1 Zur Geschichtsschreibung der Kunstvermarktung in Deutschland sind zunächst die Bücher und Kataloge zu zählen, die über die deutschen Kunstvereine veröffentlicht worden sind. Eine Bibliographie von Peter Gerlach ist im Institut für Kunstgeschichte der RWTH Aachen als EDV-Datei vorhanden und als Diskette erhältlich. Weiterhin sind die beiden Studien von Robin Lenman anzuführen: *Painters, Patronage and the Art Market in Germany 1850–1914.* In: Past & Present. A Journal of Historical Studies. Nr. 123, Mai 1989, S. 109–140, sowie *Art and tourism in Southern Germany 1850–1930.* In: Arthur Marwick (Hrsg.): *The Arts, Literature and Society.* London 1990, S. 163–180. Zu den Sezessionen und Künstlerbünden siehe Peter Paret: *Die Berliner Secession. Moderne Kunst und ihre Feinde im Kaiserlichen Deutschland.* Frankfurt/Main-Berlin-Wien 1983. Zu einzelnen Kunsthändlern liegen außer Biographien auch Gedenkschriften und Dokumentationen vor, etwa Georg Brühl: *Herwarth Walden und ‚Der Sturm'.* Köln 1983 oder die Kataloge „Alfred Flechtheim. Sammler, Kunsthändler, Verleger", Kunstmuseum Düsseldorf 1987, und „Hommage à Günther Franke", Museum Villa Stuck, München 1983. Weiterhin siehe Rupert Walser/Bernhard Wittenbrink (Hrsg.): *ohne Auftrag. Zur Geschichte des Kunsthandels.* Band I: München, München 1989; Wulf

Herzogenrath: *„Marceting". Frühe Erfolgsstrategien.* In: Jahresring Bd. 36, München 1989, S. 16–31 sowie Stephan Schmidt-Wulffen: *Das wahre Schöne und die schöne Wahre. Zum Verhältnis von Kunst und Markt.* In: Jahresring 36, S. 32–43; Stephan Schmidt-Wulffen (Hrsg.): *Kunstwerte – Markt und Methoden.* In: Kunstforum 104, 1989, S. 74–214; Boris Groys: *Die ewige Wiederkehr des Neuen. Wie die Gegenwartskunst die Originalität im Gegenstand sucht.* In: Frankfurter Allgemeine, Beilage Bilder und Zeiten, 10. Juni 1989; ders.: *Die Avantgarde und ihr Preis. Eine Apologie des Kunstmarkts.* In: Frankfurter Allgemeine, Beilage Bilder und Zeiten, 7. Juli 1990. Eine frühe Nachkriegsdebatte über den Kunstmarkt ist dokumentiert in *wird die moderne Kunst ‚gemanagt'?* Baden-Badener Kunstgespräche 1959, Baden-Baden/Krefeld 1959. Zu den sechziger und siebziger Jahren siehe Stella Baum: *Die frühen Jahre. Gespräche mit/über Galeristen.* In: Kunstforum 104, 1989, S. 215–294, zu aktuellen Debatten auch Band 99 des Kursbuch: „Kunst – Betrieb"

2 Werner Hofmann: *Der Künstler als Kunstwerk.* In: Werner Hofmann: *Anhaltspunkte. Studien zur Kunst und Kunsttheorie.* Frankfurt/Main 1989, 91–106; Ulrich Stadler: *Der Kaufmann und der Künstler. Zum Prinzip des Ökonomischen in der frühromantischen Literatur.* In: Werner Wunderlich (Hrsg.): *Der literarische Homo oeconomicus.* Bern/Stuttgart 1989, S. 121–134

3 Bernhard Schubert: *Der Künstler als Handwerker. Zur Literaturgeschichte einer romantischen Utopie.* Königstein 1986

4 Wulf Herzogenrath: *„Marceting". Frühe Erfolgsstrategien.* In: Jahresring 36, München 1989, S. 16–31

„Kölns Galerie-Gesellschaft"

Erstveröffentlichung in der Beilage „Bilder und Zeiten" der Frankfurter Allgemeinen Zeitung vom 24. November 1990

1 zit. nach *Zwischen Mao & Kommerz. Galerist Paul Maenz steigt aus.* In: Kölner, März 1990, S. 19–20; siehe auch Paul Maenz: *Operation gelungen – Patient tot; ein paar ergänzungsbedürftige Gedanken zur Lage.* In: Wolkenkratzer Art Journal 6/1987, S. 98–100; Rose-Maria Gropp: *Ansichten eines Galeristen.* In: Frankfurter Allgemeine Zeitung, 10. Februar 1990; Paul Maenz: *Köln 1970–1980–1990. Eine Avantgarde-Galerie und die Kunst unserer Zeit.* Köln 1991

2 Wolfgang Max Faust/Gerd de Vries: *Hunger nach Bildern. Deutsche Malerei der Gegenwart.* Köln 1982

3 Frank Günther Zehnder: *Sankt Ursula. Legende, Verehrung, Bilderwelt.* Köln [2]1987

4 Eduard Firmenich-Richartz: *Die Brüder Boisserée. Sulpiz und Melchior Boisserée als Kunstsammler. Ein Beitrag zur Geschichte der Romantik.* Jena 1916; Berthold Hinz: *Säkularisation als verwerteter ‚Bildersturm'.*

Zum Prozeß der Aneignung der Kunst durch die bürgerliche Gesellschaft. In: Martin Warnke (Hrsg.): *Bildersturm. Die Zerstörung des Kunstwerks.* München 1973, S. 108–120

5 Katalog *Nachschub – The Köln Show.* Herausgegeben von der Spex-Verlagsgesellschaft, Köln 1990

6 Hermann Maria Wollschläger: *Hansestadt Köln. Die Geschichte einer europäischen Handelsmetropole.* Köln 1988

7 Wilfried Dörstel: *„Meine Herren!" – Eine Geschichte des Kölnischen Kunstvereins im Lichte seiner Personen.* In: Peter Gerlach u. a. (Hrsg.): *Texte zu Bürgern, Bürgerverein und Kunstvermittlung.* Band 5 der Katalogkassette zum 150. Jubiläum des Kölnischen Kunstvereins, Köln 1989, S. 129–197, hier S. 145 f.

8 Georg Jappe: *Der Traum von der Metropole. Vom Happening zum Kunstmarkt – Kölns goldene sechziger Jahre.* Herausgegeben vom Kölnischen Kunstverein 1979; Wulf Herzogenrath/Gabriele Lueg (Hrsg.): *Die 60er Jahre. Kölns Weg zur Kunstmetropole. Vom Happening zum Kunstmarkt.* Katalog Kölnischer Kunstverein 1986; Marie Hüllenkremer (Hrsg.): *Kunst in Köln.* Köln 1987

9 Gleichwohl behielt der rheinische Akademiestandort natürlich seine enorme Bedeutung für die aktuelle Kunst, dokumentiert etwa in: *Brennpunkt Düsseldorf. Joseph Beuys – Die Akademie – Der allgemeine Aufbruch 1962–1987,* Katalog des Kunstmuseums Düsseldorf, 1987; *Brennpunkt 2. Die Siebziger Jahre – Entwürfe – Joseph Beuys zum 70. Geburtstag. 1970–1991,* Katalog des Kunstmuseums Düsseldorf 1991. In rheinbündischer Eintracht finden sich beide Städte bisweilen auch zur gemeinsamen Selbstdarstellung zusammen, etwa in: *Rheingold,* Katalog hrsg. von Wulf Herzogenrath und Stephan von Wiese, Köln 1985. Aufschlußreich ist auch die Fotodokumentation von Manfred Leve: *Aktionen – Vernissagen – Personen. Die Rheinische Kunstszene der 50er und 60er Jahre.* Köln 1982, sowie Stella Baum: *Die frühen Jahre. Gespräche mit Galeristen.* In: Kunstforum 104, Nov./Dez. 1989, S. 214–294

10 Reinhold Grether: *Ungesäuerte Brote. Neue Zeichen aus Frankfurt?* In: Wolkenkratzer Art Journal 6/1987, S. 20–33

„Schwarzmarkt der Eitelkeiten"

Antrittsvorlesung an der Fakultät für Architektur der RWTH Aachen, gehalten am 8. Juli 1991.

Für Hinweise danke ich Harald Kimpel, Peter Moritz Pickshaus, Judith Prokasky, Irit Rogoff, Joachim Schneider, Rudolf Schönwald, Richard Sennett und Andrea Theiser.

1 Siehe hierzu mein Dossier *„Sonderbare Museumsbesuche"* in: Jahresring 36, München 1989, S. 151–206

2 Bettina Blumenberg: *Verführung.* München/Wien 1985; Pierrette Fleutiaux: *Die Frau und das Bild.* Stuttgart 1982

3 Angelika Overath: *Wer erwürgte Nina K.? Nachlese zur Kandinsky-Ausstellung.* In: Transatlantik, Heft 10, 1982, S. 84–90

4 Winfried Löschburg: *Der Raub der Mona Lisa. Kunstdiebstähle, die die Welt erregten.* Berlin (Ost) ²1967

5 Günter Blutke: *Obskure Geschäfte mit Kunst und Antiquitäten.* Berlin 1990

6 „*Die Mafia wäscht ihr Geld mit Kunst*" in: Der Spiegel, Heft 49, 1988, S. 206–223

Literaturliste

Sollte man lesen:

Eric Ambler: *Topkapi.* (1962) Zürich (Diogenes) 1969

William Boyd: *Stars und Bars.* (1984) Reinbek (Rowohlt) 1988

Bruce Chatwin: *Utz.* (1988) München (Hanser) 1989

Carlo Fruttero & Franco Lucentini: *Der Liebhaber ohne festen Wohnsitz.* (1986) München-Zürich (Piper) 1988

Patricia Highsmith: *Ripley Under Ground.* (1970) Zürich (Diogenes) 1972

Wolfgang Hildesheimer: *Paradies der falschen Vögel.* (1953) Frankfurt/Main (Suhrkamp) 1975

Alison Lurie: *Die Wahrheit über Lorin Jones.* (1988) Zürich (Diogenes) 1990

Martin Page: *Der Mann, der die Mona Lisa stahl.* (1984) München-Zürich (Piper) 1989

Georges Perec: *Ein Kunstkabinett.* (1976) München (Hanser) 1989

Lee Seldes: *The Legacy of Mark Rothko. An Exposé of the Greatest Art Scandal of our Century.* Harmondtsworth (Penguin) 1979

Kann man lesen:

Margery Allingham: *Wenn Geister sterben.* (1934) Zürich (Diogenes) 1988

Louis Auchincloss: *The Golden Calves.* Boston (Houghton Mifflin) 1988

Jürgen Breest: *In Memoriam Vincent.* Reinbek (Rowohlt) 1989

Agatha Christie: *Das unvollendete Bildnis.* Bern-München-Wien (Scherz) 1957

Jörg Fauser: *Kant.* München (Heyne) 1987

Ken Follett: *Der Modigliani Skandal.* (1976) Bergisch Gladbach (Lübbe) 1988

Dick Francis: *Die ganze Palette des Todes.* Frankfurt/Main-Berlin (Ullstein) 1988

Thomas Hoving: *Marchesa.* (1986) München (Schneekluth) 1989

Erich Kästner: *Die verschwundene Miniatur.* (1935) München 1988

Tama Janowitz: *Großstadtsklaven.* Erzählungen. Köln (Kiepenheuer und Witsch) 1987

Léo Malet: *Bilder bluten nicht.* (1954) Reinbek (Rowohlt) 1989
Jürgen Raap: *NovemberMord.* Köln (Klein & Blechinger) 1990
Margaret Truman: *Murder in the Smithsonian.* New York (Ballantine) 1984
Morris L. West: *Das Meisterwerk.* (1988) Düsseldorf-Wien-New York (Econ) 1989

„Der Mäzen als Skandal“

Der Essay geht auf einen Vortrag zurück, der im Rahmen der von Ekkehard Mai und Peter Paret veranstalteten Tagung „Kunstförderung, Mäzenatentum und Museen in Deutschland – 19. und 20. Jahrhundert“ in der Werner-Reimers-Stiftung Bad Homburg im September 1990 gehalten wurde. Erstveröffentlichung in *Merkur*, 45. Jg., Heft 9/10, Sept./Okt. 1991

1 Fritz Stern: *Kulturpessismismus als politische Gefahr. Eine Analyse nationaler Ideologien in Deutschland.* München 1986; Helmuth Plessner: *Die verspätete Nation. Über die politische Verführbarkeit bürgerlichen Geistes.* Frankfurt/Main 1974
2 Heinz Bude: *Deutsche Karrieren. Lebenskonstruktionen sozialer Aufsteiger aus der Flakhelfer-Generation.* Frankfurt/Main 1987
3 Reiner Speck: *Peter Ludwig Sammler.* Frankfurt/Main 1986
4 Katalog *Kunstgeschichtliche und kunsthandwerkliche Sammlungen*, Städt. Reiss-Museum Mannheim 1966, S. 5
5 Martin Warnke: *Hofkünstler. Zur Vorgeschichte des modernen Künstlers.* Köln 1985
6 Thorstein Veblen: *Theorie der feinen Leute. Eine ökonomische Untersuchung der Institutionen.* Frankfurt/Main 1986; Theodor W. Adorno: *Veblens Angriff auf die Kultur.* In: ders.: *Prismen. Kulturkritik und Gesellschaft.* Frankfurt/Main 1976, S. 82–112
7 Georges Bataille: *Die Aufhebung der Ökonomie.* Das theoretische Werk Band I, München 1975

„Zwischen Markt und Depot“

Erstveröffentlichung in *Die Zeit* vom 29. März 1991

1 Gerhart Bott (Hrsg.): *Das Museum der Zukunft.* Köln 1971
2 zit. nach Anne Linsel: *Hugo Borger: „Die eigentlichen Kraftströme im Museum kommen vom Besucher.“* In: art. Das Kunstmagazin 11/1990, S. 101
3 Krzysztof Pomian: *Der Ursprung des Museums. Vom Sammeln.* Berlin 1988; Douglas Crimp: *On the Museum's ruins.* In: October No. 43, 1980, S. 41–57; Wolfgang Zacharias (Hrsg.): *Zeitphänomen Musealisierung. Das Verschwinden der Gegenwart und die Konstruktion der Erinnerung.* Essen 1990; Henri Pierre Jeudi: *Die Welt als Museum.* Berlin 1987

4 AA Bronson/Peggy Gale (Hrsg.): *Museums by Artists.* Toronto 1983; Evelyn Beer/Riet de Leeuw (Hrsg.): *L' Exposition imaginaire. The Art of exhibiting in the eighties.* 's-Gravenhage 1989; Peter Vergo (Hrsg.): *The New Museology.* London 1989; Robert Lumley (Hrsg.): *The Museum Time Machine: Putting Cultures on Display.* London 1988; Donald Horne: *The Great Museum. The Re-Presentation of History.* London/Sydney 1984

5 Douglas Davis: *Museum Impossible: Architecture and Culture in the Post-Pompidou Age.* New York 1991

6 Peter van Mensch (Hrsg.): *Professionalising the Muses. The Museum Profession in Motion.* Amsterdam 1989

7 Hugo Borger: *Die Kölner Museen.* Köln 1990, S. 7

8 Siegfried Salzmann: *Mehr Museen, weniger Verwaltung.* In: Achim Preiß u. a. (Hrsg.): *Das Museum. Die Entwicklung in den 80er Jahren. Festschrift für Hugo Borger zum 65. Geburtstag.* München 1990, S. 61–63; siehe hierzu auch Werner Hofmann: *Hamburger Erfahrungen.* Hamburg 1990

9 Bronson/Gale, *Museums by Artists,* vgl. Anm. 4

10 Louise Lawler: *Arrangements of Pictures,* in: October No. 26, 1983, S. 3–16; Richard Ross: *Museology.* New York 1989

11 zit. nach Klaus Staeck (Hrsg.): *Nazi-Kunst ins Museum?* Göttingen 1988, S. 44; siehe hierzu auch meinen Beitrag *Arno Breker ins Museum? Wider den neuen liberalen Extremismus* in: Georg Bussmann (Hrsg.): *Arbeit in Geschichte – Geschichte in Arbeit.* Katalog Kunsthaus Hamburg 1988, S. 21–31

„Die Malbarkeit der Geschichte"

Der Essay geht auf Vorträge zurück, die im Dezember 1990 vor der „Felix-Nußbaum-Gesellschaft" in der Universität Osnabrück sowie in dem „Vortragszyklus über deutsche Nachkriegskultur – 45 unterm Strich" im April 1991 im Hamburger Rathaus gehalten worden sind.

1 Günter Grass: *Geschenkte Freiheit. Rede zum 8. Mai 1945.* Berlin (Akademie der Künste) 1985, S. 13

2 An der Debatte beteiligten sich u. a. der Maler Bernard Schultze (Die Zeit, 31. Mai 1985), der Kritiker Eduard Beaucamp (Frankfurter Allgemeine 29. Juni 1985) sowie der Gründungsdirektor der Berlinischen Galerie, Eberhard Roters (Anzeiger No. 4 der Akademie der Künste, 1985)

3 Friedrich W. Heckmanns: *Der Kunstverein für die Rheinlande und Westfalen 1955–1979.* In: Katalog *5×30 – Düsseldorfer Kunstszene aus fünf Generationen – 150 Jahre Kunstverein für die Rheinlande und Westfalen 1829–1979,* Düsseldorf 1979, o. S.

4 Wichtige Stationen dieser Aufarbeitung waren die Ausstellungen „Dokumente der Unterwerfung – Kunst im 3. Reich" (Frankfurter Kunstver-

ein 1974); „Zwischen Widerstand und Anpassung – Kunst in Deutschland 1933–1945" (West-Berlin 1978) sowie „Widerstand statt Anpassung – Deutsche Kunst im Widerstand gegen den Faschismus 1933–1945" (Badischer Kunstverein Karlsruhe 1980)

5 Katalog *Vor 30 Jahren: Deutsche Malerei und Plastik der Gegenwart*, Kölnischer Kunstverein 1978; Jutta Held: *Kunst und Kulturpolitik in Deutschland 1945–1949*, Berlin 1981; Bernhard Schulz (Hrsg.): *Grauzonen Farbwelten. Kunst und Zeitbilder 1945–1955*. Neue Gesellschaft für Bildende Kunst Berlin (West) 1983; siehe auch Eckhart Gillen/Diether Schmidt (Hrsg.): *Zone 5 – Kunst in der Viersektorenstadt 1945–1951*. Berlin 1989; Annelie Lütgens: *Kunst und Realität der Nachkriegszeit. Eine Verwechslungsgeschichte*. In: Kritische Berichte 4/1990, S. 13–24

6 Hermann Claasen: *Nichts erinnert mehr an Frieden. Bilder einer zerstörten Stadt*. Herausgegeben von Hans J. Scheurer und Jan Thorn-Prikker, Köln 1985; Wilfried Ranke: *August Sander – Die Zerstörung Kölns*. München 1985

7 Franz-Joachim Verspohl: *„Die konkreten Dinge stehen im zweiten Rang" – Wols und Sartre*. In: Idea. Jahrbuch der Hamburger Kunsthalle VI/1987, S. 109–139; Klaus Herding: *Humanismus und Primitivismus. Probleme früher Nachkriegskunst in Deutschland*. In: Jahrbuch des Zentralinstituts für Kunstgeschichte IV/1988, München 1989, S. 281–311. Inzwischen sind auch die Akten des Londoner Symposiums erschienen: Irit Rogoff (Hrsg.): *The Divided Heritage. Themes and Problems in German Modernism*. Cambridge University Press 1991

8 Jan Thorn-Prikker: *Die Fotografie als Kunst der Verdrängung*. In: Frankfurter Allgemeine Zeitung, 31. Dez. 1990

9 Modris Eksteins: *Tanz über Gräben. Die Geburt der Moderne und der Erste Weltkrieg*. Reinbek 1990; Mathias Eberle: *Der Weltkrieg und die Künstler der Weimarer Republik*. Stuttgart/Zürich 1989; Eric J. Leed: *No Man's Land. Combat and Identity in World War I*. Cambridge University Press 1979; Paul Fussell: *The Great War and Modern Memory*. New York/London 1975

10 Peter Hielscher: *Unbewältigte Gegenwart. Von der Schwierigkeit, Wirklichkeiten abzubilden*. In: Bernhard Schulz (Hrsg.): *Grauzonen Farbwelten. Kunst und Zeitbilder 1945–1955*, S. 225–239

11 *Werner Bischof – Europa 1945–1950*. Heft 9/1990 der Zeitschrift „du". Aufschlußreich ist auch das berühmte Foto, das Richard Peter 1946 von der Terrasse des Rathausturmes in Dresden aufgenommen hat: Eine steinerne weibliche Figur umreißt mit elegischer Geste das Panorama der Innenstadtruinen, als sei sie wie Loths Weib bei der Flucht aus Sodom und Gomorrha erstarrt. Neun Jahre später hat Hilmar Pabel den gleichen Ausschnitt fotografiert, der vollständig von Tümmern gereinigt ist. Wenige Jahre später hätte man von der gleichen Stelle bereits die wiederaufgebaute Stadt fotografieren können. Siehe hierzu die Gegenüberstellung in Hielscher, *Unbewältigte Gegenwart*, a. a. O. S. 226/227

12 *Ein Meister, der sein Talent verschmäht.* Interview mit Georg Baselitz in art. Das Kunstmagazin, 6/1990, S. 55–72, insbes. S. 70; Wolf Biermann: *Über das Geld und andere Herzensdinge. Prosaische Versuche über Deutschland.* Köln 1991
13 Katalog „Georg Baselitz – Ein neuer Typ. Bilder 1965/66" Galerie Neuendorf, Hamburg 1973, o. S.
14 Walter Grasskamp: *Anselm Kiefer. Der Dachboden.* In: Ders.: *Der vergeßliche Engel. Künstlerportraits für Fortgeschrittene.* München 1986, S. 7–22
15 Helmuth Plessner: *Die verspätete Nation. Über die politische Verführbarkeit bürgerlichen Geistes.* Frankfurt/Main 1974, S. 64

„Die unästhetische Demokratie"

Erstveröffentlichung in *Die Zeit* vom 28. September 1990
1 *Ein Meister, der Talent verschmäht.* Interview mit Georg Baselitz. In: art. Das Kunstmagazin 6/1990, S. 55–72, insbes. S. 70; Eduard Beaucamp: *Kreuzfeuer, Ludwig und die DDR-Kunst.* In: Frankfurter Allgemeine Zeitung, 26. Juli 1990; Rudi H. Fuchs: *Geteilte deutsche Kunst. Ein Einspruch gegen die Malerei aus der DDR.* In: FAZ, 2. August 1990; Jürgen Hohmeyer: *Wie Gift.* In: Der Spiegel 31/1990, S. 142–143; Eduard Beaucamp: *Dissidenten, Hofkünstler, Malerfürsten.* In: FAZ, 18. August 1990; Umfrage *Deutsche Kunst doppelt.* In: Die Zeit, 31. August 1990; Wolfgang Mattheuer: *Die Schlacht der Vorurteile.* In: FAZ, 17. Oktober 1990; Jürgen Hohmeyer: *Geballte Faust und Hitlergruß.* In: Der Spiegel 46/1990
2 Günter Kunert: *Der Sturz vom Sockel. Zum Streit der deutschen Autoren.* In: FAZ, 3. September 1990
3 *Georg Baselitz im Gespräch mit Hans Peter Schwerfel.* Kunst heute Nr. 2, Köln 1989
4 Karl Heinz Bohrer: *Nach der Natur. Über Politik und Ästhetik.* München 1988
5 Fritz Stern: *Kulturpessimismus als politische Gefahr.* München 1986

„Das gescheiterte Gesamtkunstwerk"

Erstveröffentlichung in *Kursbuch* 106, November 1991
1 Vorbildlich dafür, wie eine Geschichte des Design aussehen kann, ist bis heute Sigfried Giedion: *Die Herrschaft der Mechanisierung. Ein Beitrag zur anonymen Geschichte* – ein Buch, dessen englische Ausgabe 1948 erschien und dessen deutsche Fassung erst 1982 aufgelegt wurde (Frankfurt/Main)
2 William Vaughan: *Promotion and Liberty: British Art Institutions from Reynolds to the Pre-Raphaelites.* Vortragsmanuskript 1989

3 Walter Grasskamp: *Die unbewältigte Moderne. Kunst und Öffentlichkeit.* München 1989, Kapitel 5, S. 109–112; ders.: *documenta – kunst des XX. Jahrhunderts.* In: Bernd Klüser/Katharina Hegewisch (Hrsg.): *Die Kunst der Ausstellung. Eine Dokumentation dreißig exemplarischer Kunstausstellungen dieses Jahrhunderts.* Frankfurt/Leipzig 1991, S. 116–125

4 Die „erstaunliche Mitarbeit der Künstler an der Auslöschung ihrer Erkennbarkeit" hebt Tilman Buddensieg z. B. als ein Charakteristikum der modernen Gestaltung heraus. Tilman Buddensieg: *Ästhetische Opposition und Internationaler Stil.* In: Ders. (Hrsg.): *Berlin 1900–1930. Architektur und Design.* New York/Berlin 1987, S. 13–33, bes. S. 20

5 Mitteilung Günter Drebusch, Witten

6 Michael Stürmer: *Handwerk und höfische Kultur. Europäische Möbelkunst im 18. Jahrhundert.* München 1981

7 Hans Sedlmayr: *Verlust der Mitte. Die bildende Kunst des 19. und 20. Jahrhunderts als Symptom und Symbol der Zeit.* Salzburg [10]1983

8 Rainer Gruenter: *Vom Elend des Schönen. Studien zur Literatur und Kunst.* München 1988

9 James Sloan Allen: *The Romance of Commerce and Culture. Capitalism, Modernism and the Chicago-Aspen Crusade for Cultural Reform.* Chicago/London 1983

10 Boris Groys: *Gesamtkunstwerk Stalin. Die gespaltene Kultur in der Sowjetunion.* München 1988

11 Peter Rühmkorf: *Schneller wohnen – oder Der Teufel steckt im Design.* In: Ders.: *Bleib erschütterbar und widersteh. Aufsätze-Reden-Selbstgespräche.* Reinbek 1984, S. 53–55

Buchanzeigen

Kunst und Architektur

Hans Belting
Bild und Kult
Eine Geschichte des Bildes vor dem Zeitalter der Kunst
2. unveränderte Auflage. 1991. 700 Seiten, 308 Abbildungen, davon 12 in Farbe. Leinen im Schuber

Helmut Börsch-Supan
Die deutsche Malerei von Anton Graff bis Hans von Mareés 1760–1870
Epochen, Zentren, Themen, Gestalten. 1988. 610 Seiten, 120 Abbildungen, davon 64 in Farbe. Leinen

Hanno-Walter Kruft
Geschichte der Architekturtheorie
Von der Antike bis zur Gegenwart
3., durchgesehene und ergänzte Auflage. 1991. 740 Seiten, 207 Abbildungen, 95 Tafeln. Studienausgabe Paperback

Peter Paret
Kunst als Geschichte
Kultur und Politik von Menzel bis Fontane
Aus dem Englischen von Holger Fliessbach.
1990. 259 Seiten, 102 Abbildungen, davon 4 in Farbe. Leinen

Arnold Hauser
Soziologie der Kunst
3. Auflage. 1988. XVI, 824 Seiten. Broschiert

Verlag C.H. Beck München